KB265044

넓게 생각하는 힘

유토리 일본어 능력시험 N4

이장우 저

사람in

　N4를 공부히는 학습지들은 어느 정도 일본어에 대한 기초 지식은 있지만, 활용이 서툴러서 회화나 시험에 응용하려고 하면 머리에 잘 떠오르지 않는 경우가 많을 것이다. 사실 일본어는 한국어와 그 어순이 거의 비슷하기 때문에, 많은 단어와 문장을 연결할 수 있는 능력만 키우면 회화를 하기도 쉬워지고, 문법적인 활용도 쉬운 편이다. 그러므로 기본적으로 어휘와 한자를 익혀두면 일본어 실력 향상에 도움이 된다.

　1교시에 치르는 언어지식 파트의 문자·어휘는 기본적인 한자와 어휘만 알고 있으면 충분히 만점을 받을 수 있기에 조금의 노력을 기울이도록 하자. N4에서 다루는, 시험을 위한 한자는 400자가 채 되지 않는다. 이 한자 중에는 학습자 여러분들이 알고 있는 한자도 꽤 있다. 물론 한자를 전혀 몰라도 2~3일 정도만 열심히 하면(사람에 따라서 차이는 있겠지만), 한자에 대한 두려움은 충분히 극복할 수 있을 것이다. 그리고 이 한자와 어휘 능력이 나머지 파트인 문법과 독해, 2교시의 청해 파트에서도 그 빛을 발할 것이다. 급하게 먹는 밥이 체하듯이, 시험 공부도 찬찬히 기본에 충실히 하도록 하자.

　언어지식 파트의 문법은 기본적인 회화 능력을 갖추고 있다면 어렵지 않다. N4 문법에서는 높은 수준의 문장 구사 능력을 묻는 문제는 절대 출제되지 않는다. 여러분이 일본어를 구사하는 데 있어서 반드시 알아야 하는 기본적인 회화능력을 객관식으로 문제로 만든 것에 불과하므로, 문법이라고 생각하지 말고, 회화 공부를 한다는 개념으로 접근하자. 그러면 일본어 시험 공부도 되고, 회화 공부도 되므로 지겹지 않게 공부를 할 수 있을 것이다.

　언어지식 파트의 독해는 해석만 정확하게 할 수 있다면 누구라도 문제를 풀 수 있게 되어 있으므로, 차분하게 한 문장씩 해석해 나가면, 정답을 쉽게 찾을 수 있을 것이다. 이러한 독해 능력이 나중에 여러분들이 N3·N2·N1의 시험을 치르는 데도 상당한 도움이 될 것이다.

마지막으로 2교시 청해 파트에서 조금 어려움을 느낄 것이다. 외국어의 기본이 청취력에서 좌우되기 때문일 것이다. 우선 기본적으로 청취가 안 되는 분은 무작정 문제를 풀려고 하지 말고, 우선 스크립트를 차분히 독해하듯이 먼저 읽어 보도록 하자. 그리고나서 청취를 하면 그 내용을 알고 있기에 문제를 풀기가 수월해질 것이다. 이러한 연습을 반복해서 하다 보면, 스크립트를 먼저 읽지 않아도 문장이 들리기 시작할 것이다.

N4시험을 준비하는 학습자분들은 아직 일본어 자체에도 잘 적응이 안 된 상태에서 시험준비에 대한 부담감을 느낄텐데, 시험 준비에 필요한 모든 내용을 한 권에 담은 유토리 일본어능력시험으로 걱정을 덜고, 한번에 합격할 수 있기를 바란다.

저자 이장우

New 일본어능력시험 이렇게 달라졌다!

1 New '일본어능력시험'에 대해

　세계 각지에서 일본어(日本語)를 배우는 학습자 수가 급속히 증가하고 있고 더욱이 해외에 있는 일본어 학습자가 그 어학력을 실제로 활용할 수 있는 기회가 점점 늘어나고 있다. 또한 습득한 일본어능력(日本語能力)을 객관적으로 측정하여 공식적으로 인정받는 제도를 요청하는 목소리가 일본어 학습자들 사이에 높아져 왔다. 국제교류기금(國際交流基金) 및 일본국제교육지원협회(日本國際敎育支援協會)는 이러한 요망에 부응하기 위하여 1984년부터 일본 국내 및 해외에서 일본어를 모국어로 하지 않는 사람을 대상으로 일본어능력을 측정하고 인정함을 목적으로 하는 일본어능력시험을 실시하고 있다. 다양화된 수험자와 수험목적의 변화에 발맞춰 2005년 '일본어능력시험 개선에 관한 검토회'를 설치하고 많은 전문가의 협력을 얻어 2010년 새로운 〈일본어능력시험〉을 실시하게 되었다.

응시주최: 일본국제교류기금, 일본국제교육지원협회

실시횟수: 매년 7월 첫 번째 일요일과 12월 첫 번째 일요일 2회 실시한다.

2 개정 포인트

(1) 과제 수행을 위한 언어 소통 능력을 측정한다.

　일본어에 관한 지식과 함께 실제 운용 가능한 일본어 능력을 중시한다. 따라서 문자 · 어휘 · 문법 등의 언어지식과 그 언어지식을 이용한 소통상의 과제를 수행하는 능력을 측정한다.

　※해답은 현행 시험과 마찬가지로 선택지에 의한 마크시트 방식으로 이루어진다. 또한 말하기, 쓰기 능력을 직접 측정하는 시험 과목은 없다.

(2) 레벨을 4단계에서 5단계로 늘렸다.

N1	현행 시험 1급보다 다소 높은 레벨까지 측정한다. 합격선은 현행 시험과 거의 같다.
N2	현행 시험 2급과 거의 같은 레벨이다.
N3	현행 시험 2급과 3급 사이에 해당하는 레벨이다. (신설)
N4	현행 시험 3급과 거의 같은 레벨이다.
N5	현행 시험 4급과 거의 같은 레벨이다.

(3) 득점을 상대평가 방식으로 변경하였다.

　서로 다른 시기에 실시되는 시험에서는 출제되는 문제가 다르므로 아무리 신중하게 출제를 해도 매회 시험의 난이도가 다소 변동할 수밖에 없다. 따라서 새로운 시험에서는 '등화(等化)'라는 상대평가를 통해 시험 득점이 난이도의 영향을 받는 일이 없도록 형평성을 유지할 수 있게 한다.

(4) '일본어능력시험 Can-do 리스트'를 제공한다.

　각 레벨의 합격자가 일본어를 사용하여 실제로 어떠한 일이 가능하다고 생각하는지를 조사한 '일본어능력시험 Can-do 리스트'를 제공한다.

　예) 듣기 – 학교나 직장 공공장소에서 안내방송을 듣고 대략의 내용을 이해할 수 있다.

3 인정 기준

레벨	인정 기준
N1	**폭넓은 장면에서 사용되는 일본어를 이해할 수 있다.** [읽기] · 폭넓은 화제에 대해 쓰인 신문 논설, 평론 등, 논리적으로 다소 복잡한 문장과 추상도 높은 문장 등을 읽고 문장 구성과 내용을 이해할 수 있다. · 다양한 화제 내용에 깊이 있는 글을 읽고 이야기 흐름과 상세한 의도를 이해할 수 있다. [듣기] · 폭넓은 장면에서 자연스러운 속도의 체계적 내용의 회화, 뉴스, 강의를 듣고 이야기 흐름과 등장인물의 관계, 내용의 논리구성 등을 상세하게 이해하고 요지를 파악할 수 있다.
N2	**일상적인 장면에서 사용되는 일본어 이해와 더불어 보다 폭넓은 장면에서 사용되는 일본어를 어느 정도 이해할 수 있다.** [읽기] · 폭넓은 화제에 대해 쓰인 신문이나 잡지 기사 · 해설, 평이한 평론 등, 논지가 명쾌한 문장을 읽고 문장 내용을 이해할 수 있다. · 일반적인 화제에 관한 글을 읽고 이야기 흐름과 표현의도를 이해할 수 있다. [듣기] · 일상적인 장면과 더불어 폭넓은 장면에서 자연스러운 속도의 체계적 내용의 회화, 뉴스를 듣고 이야기 흐름과 등장인물의 관계를 이해하고 요지를 파악할 수 있다.
N3	**일상적인 장면에서 사용되는 일본어를 어느 정도 이해할 수 있다.** [읽기] · 일상적인 화제에 대해 쓰인 구체적인 내용을 나타낸 문장을 읽고 이해할 수 있다. · 신문 기사 제목 등을 통해 정보의 개요를 파악할 수 있다. · 일상적인 장면에서 접하는 범위의 난이도가 다소 높은 문장은 유의 표현이 제시되면 요지를 이해할 수 있다. [듣기] · 일상적인 장면에서 다소 자연스러운 속도에 가까운 체계적 내용의 회화를 듣고 이야기의 구체적인 내용을 등장인물의 관계 등과 더불어 거의 이해할 수 있다.
N4	**기본적인 일본어를 이해할 수 있다.** [읽기] · 기본적인 어휘나 한자로 쓰인 일상생활 속에서도 가까운 화제에 대한 글을 읽고 이해할 수 있다. [듣기] · 일상적인 장면에서 조금 느린 속도의 회화라면 내용을 거의 이해할 수 있다.
N5	**기본적인 일본어를 어느 정도 이해할 수 있다.** [읽기] · 히라가나, 가타카나, 일상생활에서 사용되는 기본적인 한자로 쓰인 정형적인 어구, 문장, 글을 읽고 이해할 수 있다. [듣기] · 교실이나 주변 등 일상생활 속에서도 자주 접하는 장면에서 느리고 짧은 회화로부터 필요한 정보를 얻어낼 수 있다.

(1) 시험 결과의 표시

레벨	득점 구분	득점 범위
N1	언어지식(문자 · 어휘 · 문법)	0~60
	독해	0~60
	청해	0~60
	종합 득점	0~180
N2	언어지식(문자 · 어휘 · 문법)	0~60
	독해	0~60
	청해	0~60
	종합 득점	0~180
N3	언어지식(문자 · 어휘 · 문법)	0~60
	독해	0~60
	청해	0~60
	종합 득점	0~180
N4	언어지식(문자 · 어휘 · 문법) · 독해	0~120
	청해	0~60
	종합 득점	0~180
N5	언어지식(문자 · 어휘 · 문법) · 독해	0~120
	청해	0~60
	종합 득점	0~180

(2) 합격/불합격 판정

종합 득점과 각 득점 구분의 기준점, 이 두 가지로 합격/불합격 판정을 내린다. 기준점이란 각 득점 구분에서 '적어도 이 이상은 필요한' 득점을 말한다. 득점 구분의 득점이 하나라도 기준점에 달하지 못한 경우는 종합 득점이 아무리 높아도 불합격으로 처리된다. 각 득점 구분에 기준점을 설정한 것은 학습자의 일본어능력을 종합적으로 평가하기 위해서이다.

(3) 시험 결과의 통지

다음 예와 같이 ①'득점 구분별 득점'과 득점 구분별 득점을 합계한 ②'종합 득점', 앞으로의 일본어 학습을 위한 ③'참고 정보'를 통지한다. ③'참고 정보'는 합격/불합격 판정 대상이 아니다.

예: N3을 수험한 Y씨의 '합격/불합격 통지서'의 일부 (실제 서식은 변경될 수 있다.)

①득점 구분별 점수			②종합 득점
언어지식(문자 · 어휘 · 문법)	독해	청해	
50/60	**30**/60	**40**/60	**120**/180

③참고 정보※	
문자 어휘	문법
A	C

A 매우 잘했음 (정답률 67% 이상)
B 잘했음 (정답률 34%이상 67% 미만)
C 그다지 잘하지 못했음 (정답률 34% 미만)

* '언어지식(문자 · 어휘 · 문법)'에 대한 참고 정보를 살펴 보면 '문자 · 어휘'는 A(정답률 67% 이상)이므로 '매우 잘했음', '문법'은 C로(정답률 34% 미만)으로 '그다지 잘하지 못했음'임을 알 수 있다.

5 N4 문제 유형 한눈에 보기

시험 과목 (시험 시간)			문제의 구성			
			문제 유형	변형 정도	문항 수	목표
언어 지식 (문자 · 어휘, 문법) · 독해 (95분)	문자 · 어휘	1	한자 읽기	◇	9	한자로 쓰인 어휘의 읽는 법을 고르는 문제
		2	한자 표기	◇	6	히라가나로 쓰인 어휘를 한자로 표기하는 문제
		3	문맥 규정	O	10	문장의 문맥에 맞게 빈칸에 들어갈 가장 알맞은 어휘를 고르는 문제
		4	바꿔 말하기	O	5	출제된 말이나 표현과 의미상 가까운 말이나 표현을 고르는 문제
		5	용법	O	5	제시된 어휘가 문장에서 가장 알맞게 쓰인 문장을 찾는 문제
	문법	1	문법 형식 판단	O	15	괄호 안에 들어갈 가장 알맞은 문법 기능어를 찾아 문장을 완성하는 문제
		2	문장 만들기	◆	5	보기 4개를 나열하여 문장을 완성하고 ★에 들어갈 표현을 찾는 문제
		3	문장의 문법(공란 메우기)	◆	5	장문의 지문에서 공란에 들어갈 어구를 보기에서 고르는 문제
	독해	4	내용 이해(단문)	O	4	생활, 일 등 여러 화제를 포함한 설명문이나 지시문을 읽고 내용을 이해했는가를 묻는 문제
		5	내용 이해(중문)	O	4	평론, 해설, 에세이 등을 읽고, 인과관계나 이유, 개요, 필자의 생각을 묻는 문제
		6	정보 검색	◆	2	광고, 팸플릿 등의 정보(600자 정도)를 읽고 필요한 정보 찾는 문제
청해 (35분)		1	과제 이해	◇	8	구체적인 과제 해결에 필요한 정보를 듣고 내용을 이해했는가를 묻는 문제
		2	포인트 이해	◇	7	내용을 듣고 포인트를 파악하는 문제
		3	발화 표현	◆	5	그림을 보면서 상황 설명을 듣고 적절한 표현 고르는 문제
		4	즉시 응답	◆	8	질문 등의 짧은 발화를 듣고 적절한 응답을 선택할 수 있는가를 묻는 문제

◆ : 구 시험에서는 출제되지 않았던 새로운 문제 형식

◇ : 구 시험의 문제 형식을 유지하나 형식이 부분적으로 변경됨

O : 구 시험에 출제된 문제 형식

※ 시험 시간은 변경될 수도 있다. 또한 '청해'는 시험 문제의 녹음 시간 길이에 따라 시험 시간이 다소 변경된다.

합격을 위한 이 책의 알찬 구성

이 책은 2010년부터 시행되는 NEW 일본어능력시험 N4를 완벽하게 준비할 수 있도록 출제경향을 철저히 분석하고 그에 대한 대책을 세밀하게 마련하였다.

◆문제 구성

새로운 문제의 구성을 상세히 살펴본다. 문항 수와 문제의 목표를 염두에 두고 읽어 보자.

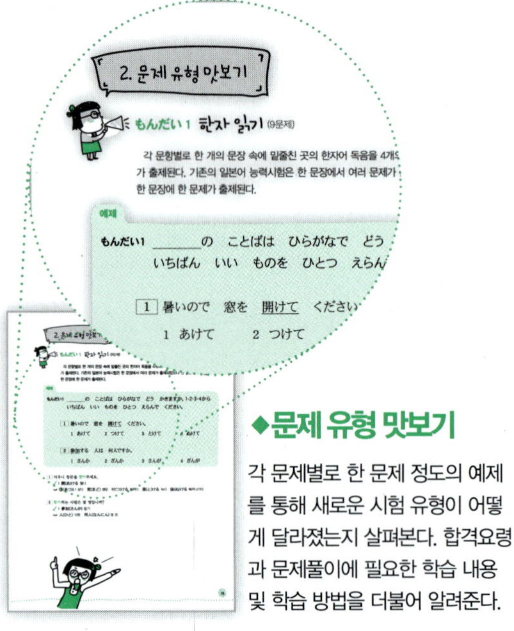

◆문제 유형 맛보기

각 문제별로 한 문제 정도의 예제를 통해 새로운 시험 유형이 어떻게 달라졌는지 살펴본다. 합격요령과 문제풀이에 필요한 학습 내용 및 학습 방법을 더불어 알려준다.

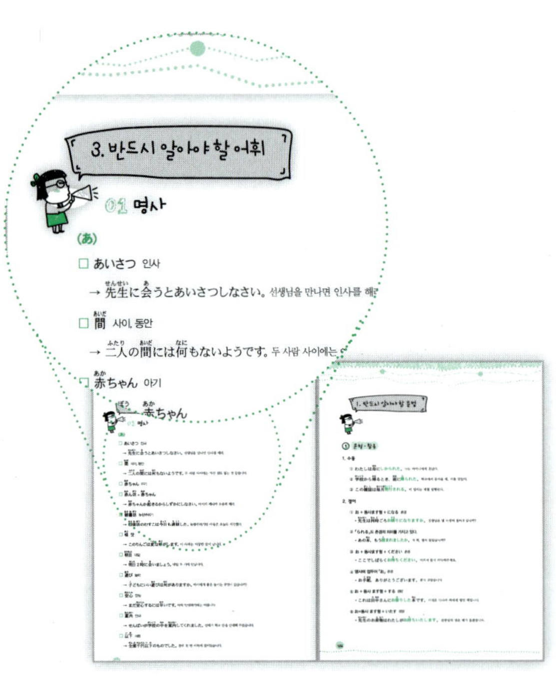

◆합격을 위한 필수 체크

실제 시험 유형의 문제를 풀기 전에 반드시 알아둘 학습거리를 담았다. 즉 〈반드시 알아야 할 어휘〉, 〈반드시 알아야 할 문법〉 등 꼭 필요한 내용만을 학습하고 바로 실력을 확인해 볼 수 있는 확인문제를 수록하였다.

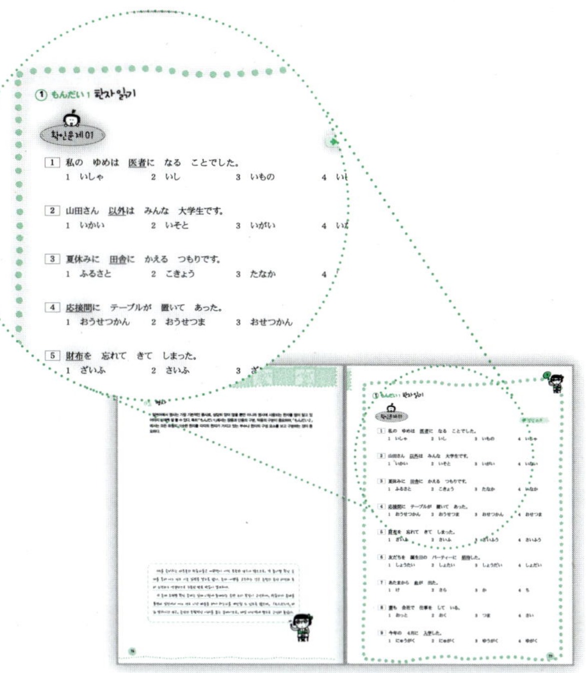

◆ 실전 대비 집중 훈련

새로운 시험에 빠르게 적응하고, 긴장하지 않고 임할 수 있도록 새로운 유형에 맞춘 실전대비 연습문제를 집중적으로 풀도록 하였다.

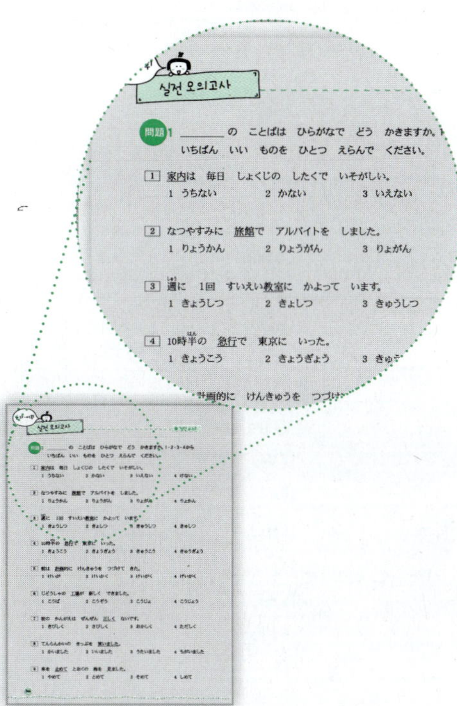

◆ 실전 모의고사

실제 시험과 가장 유사한 문제 형태로 시험 직전 대비용으로 마무리 점검을 할 수 있도록 1회분의 문제를 수록하였다.

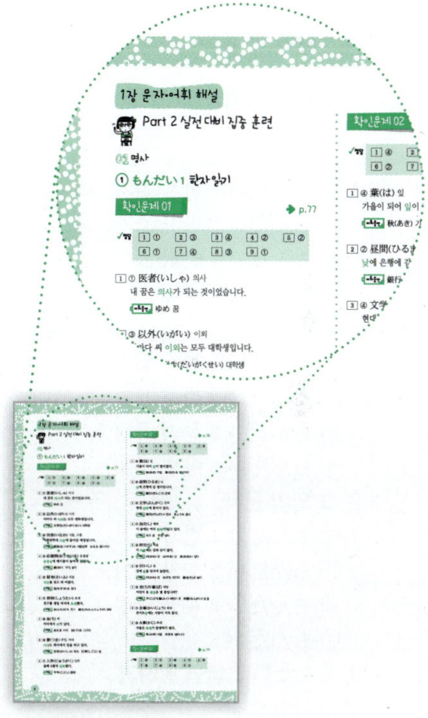

◆ 길잡이 해설서

문제에 대한 정답 및 해석으로 길잡이 역할을 하고 있다.

차례 Contents

N4

1장 문자 · 어휘

Part 1 분석 및 대책

1. 문자 · 어휘의 문제 구성

2. 문제 유형 맛보기

3. 반드시 알아야 할 어휘

총 35문제로 문법 25문제, 독해 10문제와 합쳐서 120점 만점이다. 각 문제별 점수 배점은 아직 공개되지 않았다. 기존의 문제 형식이 그대로 출제되면서 문항 수가 준 것도 있지만, 조금 변형된 형태의 유형도 있으므로 문제가 어떤 식으로 출제되는지 잘 파악해야만 실전에서 당황하지 않을 것이다.

문제	출제 의도	변형 정도	문항 수	목표
問題1	한자 읽기	◇	9	한자로 쓰인 어휘의 읽는 법을 고르는 문제
問題2	한자 표기	◇	6	히라가나로 쓰인 어휘를 한자로 표기하는 문제
問題3	문맥 규정	○	10	문장의 문맥에 맞게 빈칸에 들어갈 가장 알맞은 어휘를 고르는 문제
問題4	바꿔 말하기	○	5	출제된 어휘나 표현과 의미상 가까운 어휘나 표현을 고르는 문제
問題5	용법	○	5	제시된 어휘가 문장에서 가장 알맞게 쓰인 문장을 찾는 문제

◆ : 구 시험에서는 출제되지 않았던 새로운 문제 형식

◇ : 구 시험의 문제 형식을 유지하나 형식이 부분적으로 변경됨

○ : 구 시험에서도 출제된 문제 형식

2. 문제 유형 맛보기

もんだい1 한자 읽기 (9문제)

각 문항별로 한 개의 문장 속에 밑줄친 곳의 한자어 독음을 4개의 보기 중에서 고르는 문제로, 9문제가 출제된다. 기존의 일본어 능력시험은 한 문장에서 여러 문제가 출제되었으나 신 일본어 능력시험은 한 문장에 한 문제가 출제된다.

예제

もんだい1 ＿＿＿＿の　ことばは　ひらがなで　どう　かきますか。1・2・3・4から　いちばん　いい　ものを　ひとつ　えらんで　ください。

1　暑いので　窓を　開けて　ください。

　　1　あけて　　　2　つけて　　　3　とけて　　　4　ぬけて

2　参加する　人は　何人ですか。

　　1　さんか　　　2　ざんか　　　3　さんが　　　4　ざんが

1　더우니 창문을 열어주세요.
　✔ 1 開(あ)ける 열다
　↝ 暑(あつ)い 덥다　窓(まど) 창문　付(つ)ける 붙이다　溶(と)ける 녹다　抜(ぬ)ける 빠져나가다

2　참가하는 사람은 몇 명입니까?
　✔ 1 参加(さんか) 참가
　↝ 人(ひと) 사람　何人(なんにん) 몇 명

もんだい 2 한자 표기 (6문제)

기존 일본어 능력시험에서는 한 문장에 여러 단어에 밑줄이 그어져 있어서 여러 단어의 한자를 찾는 문제가 출제되었으나, 신 일본어 능력시험에서는 한 문장에 밑줄이 하나만 그어져 있어 한 개의 단어의 한자를 찾는 문제가 출제된다.

예제

もんだい 2 ＿＿＿＿の　ことばは　どう　かきますか。1·2·3·4から　いちばん　いい　ものを　ひとつ　えらんで　ください。

1 先生の　しゅっぱんきねんびに　まねいて　もらった。

1　召いて　　2　沼いて　　3　招いて　　4　紹いて

2 ウェブ上で　タイピング　れんしゅうが　無料で　できます。

1　練習　　2　運習　　3　連習　　4　結習

1 선생님의 출판기념일에 초대받았다.

✓3 招(まね)く 초대하다

出版(しゅっぱん) 출판　記念日(きねんび) 기념일

2 웹상에서 타이핑 연습을 무료로 할 수 있습니다.

✓1 練習(れんしゅう) 연습

上(じょう) 상　無料(むりょう) 무료

もんだい3 **문맥 규정** (10문제)

한 문장에서 앞뒤 문맥을 고려하여 빈칸에 들어갈 알맞은 어휘를 4개의 보기 중에서 고르는 문제로, 보기에 나와 있는 단어의 정확한 의미와 문장의 흐름을 파악해야만 풀 수 있다. 한자음 명사는 그 한자를 한국어로 읽을 수만 있으면 정답을 쉽게 찾을 수 있으므로, 기본적인 한자 읽기의 능력을 키워야만 한다.

예제

もんだい3 (　　　　)に　なにを　いれますか。1・2・3・4から　いちばん　いい
　　　ものを　ひとつ　えらんで　ください。

　　　1　カードは　アルファベット順に　（　　　）されて　いた。

　　　　1　分布　　　　　2　分散　　　　　3　分類　　　　　4　分野

　　　2　ここからだと　駅までは　（　　　）　50メーターです。

　　　　1　もし　　　　　2　どうせ　　　　3　およそ　　　　4　あくまで

1　카드는 알파벳순으로 분류되어져 있다.
　✓3 分類(ぶんるい) 분류
　↝ 順(じゅん) 순서　分布(ぶんぷ) 분포　分散(ぶんさん) 분산　分野(ぶんや) 분야

2　여기부터라면 역까지는 약 50미터입니다.
　✓3 およそ 약
　↝ 駅(えき) 역　もし 만약　どうせ 어차피　あくまで 어디까지나, 끝까지

밑줄 친 부분과 비슷한 단어 및 표현 찾기 문제로, 원래의 단어가 가진 의미 파악도 중요하지만, 문장 속에서 사용되는 의미를 파악하는 것이 무엇보다 중요하므로, 반드시 문장에서의 의미를 파악하도록 하자. 그리고 문장 전체가 어떤 의미를 가지고 있는가에 대한 문제도 출제된다.

예제

もんだい 4 ＿＿＿の　ぶんと　だいたい　おなじ　いみの　ぶんが　あります。
1・2・3・4から　いちばん　いい　ものを　ひとつ　えらんで　ください。

1 明日の　会に　<u>行かなければ　ならない</u>。

1 行くしか　ない　　　　　　　　2 行っても　いい

3 行きようが　ない　　　　　　　4 行くかも　しれない

2 <u>やくそくの　じかんに　まにあうと　思います</u>。

1 やくそくの　じかんに　行けそうです。

2 やくそくの　じかんに　おくれそうです。

3 やくそくの　じかんに　行くかも　しれません。

4 やくそくの　じかんに　行くかどうか　知りません。

1 내일 모임에 가야만 한다.
　✓ 1 行くしか　ない 갈 수밖에 없다
　↝ 明日(あした) 내일　会(かい) 모임　～なければならない ～해야만 한다
　　동사 ます형 + ようがない ～할 방법이 없다

2 약속시간에 맞을 거라고 생각합니다.
　✓ 1 やくそくの　じかんに　行けそうです。 약속 시간에 갈 수 있을 것 같습니다.
　↝ やくそく 약속　じかん 시간　まにあう 시간이나 양에 맞다　동사 ます형 + そうだ ～할 것 같다
　　おくれる 늦다　～かもしれない ～일지도 모른다　～かどうか ～인지 아닌지, ～할지 말지

もんだい 5　용법 (5문제)

문장 속에서 제시된(밑줄이 그어져 있는) 단어의 정확한 의미를 알고, 그 단어가 문장 속에서 바르게 사용되고 있는 보기를 찾는 것으로, 5문제가 출제되는데 가장 까다로운 문제 유형 중의 하나이다.

예제

> **もんだい 5**　つきの　ことばの　つかいかたで　いちばん　いい　ものを　ひとつ
> えらんで　ください。
>
> 1　おみあい
>
> 　　1　日本は　たくさんの　<u>おみあい</u>が　あります。
> 　　2　昨日、　先輩の　紹介で　<u>おみあい</u>を　した。
> 　　3　病気に　なった　友だちの　<u>おみあい</u>に　行きました。
> 　　4　いろいろ　お世話に　なって　<u>おみあい</u>を　した。
>
> 2　アナウンサー
>
> 　　1　外国に　いる　友だちに　<u>アナウンサー</u>した。
> 　　2　その　<u>アナウンサー</u>を　聞いて　みんな　おどろいた。
> 　　3　山田さんは　ニュースの　<u>アナウンサー</u>だそうだ。
> 　　4　あしたから　雨が　降るという　<u>アナウンサー</u>が　ありました。

1 ✓ 2 **おみあい** 선

1 일본은 많은 축제가 있습니다. ▶ **おまつり** 축제
2 어제, 선배의 소개로 선을 봤다.
3 아픈 친구의 병문안을 갔습니다. ▶ **おみまい** 병문안
4 여러 모로 신세를 져서 인사(답례)를 했다. ▶ **おれい** 인사, 답례

⤳ **日本(にほん)** 일본　**昨日(きのう)** 어제　**先輩(せんぱい)** 선배　**紹介(しょうかい)** 소개
　病気(びょうき)に　なる 병들다　**友(とも)だち** 친구　**いろいろ** 여러 가지
　お世話(せわ)に　なる 신세를 지다

2 ✓ 3 **アナウンサー** 아나운서

1 외국에 있는 친구에게 전화했다. ▶ **でんわ** 전화
2 그 소식을 듣고 모두 놀랐다. ▶ **おしらせ** 소식, 알림
3 야마다 씨는 뉴스 아나운서라고 한다.
4 내일부터 비가 내린다고 하는 (일기) 예보가 있었습니다. ▶ **よほう** 예보

⤳ **外国(がいこく)** 외국　**聞(き)く** 듣다　**おどろく** 놀라다　**あした** 내일
　雨(あめ)が　降(ふ)る 비가 내리다

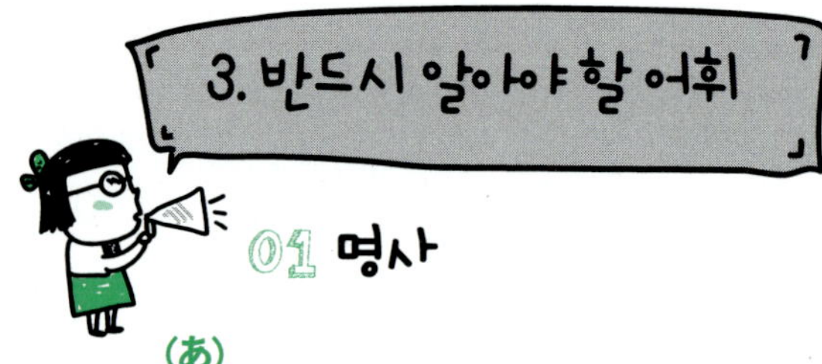

01 명사

(あ)

□ あいさつ　인사

→ 先生に会うとあいさつしなさい。 선생님을 만나면 인사를 해라.

□ 間　사이, 동안

→ 二人の間には何もないようです。 두 사람 사이에는 아무 것도 없는 것 같습니다.

□ 赤ちゃん　아기

□ 赤ん坊 = 赤ちゃん

→ 赤ちゃんか起きるからしずかにしなさい。 아이가 깨니까 조용히 해라.

□ 朝寝坊　늦잠꾸러기

→ 朝寝坊のむすこは今日も遅刻した。 늦잠꾸러기인 아들은 오늘도 지각했다.

□ 味　맛

→ このりんごは変な味がします。 이 사과는 이상한 맛이 납니다.

□ 明日　내일

→ 明日２時に会いましょう。 내일 두 시에 만납시다.

□ 遊び　놀이

→ 子どもにいい遊びは何がありますか。 아이에게 좋은 놀이는 무엇이 있습니까?

□ 安心　안심

→ まだ安心するには早いです。 아직 안심하기에는 이릅니다.

□ 案内　안내

→ せんぱいが学校の中を案内してくれました。 선배가 학교 안을 안내해 주었습니다.

□ 以下　이하

→ 全部千円以下のものでした。 전부 천 엔 이하의 것이었습니다.

□ 以外（いがい）　이외
→ 彼以外（かれいがい）はみんな高校生（こうこうせい）でした。　그 이외는 모두 고등학생이었습니다.

□ 医学（いがく）　의학
→ 医学（いがく）はとても難（むずか）しい学問（がくもん）です。　의학은 매우 어려운 학문입니다.

□ 意見（いけん）　의견
→ いい意見（いけん）があったらお聞（き）かせください。　좋은 의견이 있으면 들려주세요.

□ 石（いし）　돌
→ 石（いし）を投（な）げてあそんでは危（あぶ）ないです。　돌을 던지며 놀아서는 위험합니다.

□ 以上（いじょう）　이상
→ レポートは5ページ以上（いじょう）にしてください。　리포트는 5페이지 이상 해 주세요.

□ 糸（いと）　실
→ 赤（あか）い糸（いと）を探（さが）しているけどない。　빨간 실을 찾고 있는데 없다.

□ 以内（いない）　이내
→ 3位以内（いいない）にゴールインしたい。　3위 이내로 골인하고 싶다.

□ 田舎（いなか）　시골, 고향
→ 田舎（いなか）からみかんが送（おく）られた。　시골에서 귤을 보냈다.

□ ～員（いん）　～원
→ 会社員（かいしゃいん）はだいたい電車（でんしゃ）で出勤（しゅっきん）する。　회사원은 대체로 전철로 출근한다.

□ 受付（うけつけ）　접수(처)
→ 受付（うけつけ）は1階（かい）の右側（みぎがわ）にあります。　접수처는 1층의 우측에 있습니다.

□ うそ　거짓말
→ 子（こ）どもの時（とき）からうそを教（おし）えてはいけない。　어릴 때부터 거짓말을 가르쳐서는 안 된다.

□ うち　중
→ このうち、好（す）きなものを持（も）って行（い）きなさい。　이 중, 좋아하는 것을 가지고 가세요.

□ うで 팔, 솜씨

→ 毎日練習してうでが上がった。 매일 연습을 해서 솜씨가 늘었다.

□ うら 뒤

→ 事務所のうらにトイレがあります。 사무실 뒤에 화장실이 있습니다.

□ 売り場 매장

→ 子ども服売り場は4階です。 아동복 매장은 4층입니다.

□ 運転手 운전사

→ バスの運転手はとても親切だった。 버스 운전사는 매우 친절했다.

□ 運転 운전

→ 5時間も運転したので疲れた。 5시간이나 운전했기 때문에 피곤했다.

□ 運動 운동

→ 運動は毎日したほうが体にいい。 운동은 매일 하는 편이 몸에 좋다.

□ 枝 가지

→ 風で枝が折れた。 바람 때문에 가지가 부러졌다.

□ 遠慮 사양

→ すみませんが、ご提案をご遠慮します。 죄송합니다만, 제안을 사양하겠습니다.

□ お祝い 축하(선물)

→ 卒業お祝いにコンピュータがほしい。 졸업축하선물로 컴퓨터를 원한다.

□ 応接間 응접실

→ 応接間でお茶を飲んでいる。 응접실에서 차를 마시고 있다.

□ おかげ 덕분

→ みんなのおかげで病気が治りました。 모두의 덕분으로 병이 나았습니다.

□ 億 억

→ 中国の人口は10億人をこえるそうだ。 중국의 인구는 10억 명을 넘는다고 한다.

☐ 屋上 옥상

→ 屋上ではたばこをすってもかまいません。 옥상에서는 담배를 피워도 상관없습니다.

☐ 贈り物 선물

→ お正月に先生に贈り物をした。 설날에 선생님께 선물을 했다.

☐ お子さん 자녀, 자제(다른 사람의 자식을 높여 부르는 말)

→ お子さんをつれてきてもかまいません。 자녀를 데리고 와도 상관없습니다.

☐ 押し入れ 가재, 침구를 넣어두는 벽장

→ 押し入れにはふとんがいっぱい入っている。 벽장에는 이불이 가득 들어 있다.

☐ お嬢さん 따님(다른 사람의 딸을 높여 부르는 말)

→ お嬢さんは今年おいくつですか。 따님은 올해 몇 살입니까?

☐ お宅 댁

→ お宅の近くに公園はありますか。 댁 근처에 공원은 있습니까?

☐ 音 소리

→ 世の中にはいろんな音がある。 세상에는 여러 소리가 있다.

☐ 踊り 춤

→ これは日本の昔の踊りですよ。 이것은 일본의 옛날 춤입니다.

☐ お祭り 축제

→ お祭りに観光客がたくさん来た。 축제에 관광객이 많이 왔다.

☐ お見舞い 병문안

→ わざわざお見舞いに来てくれてありがとう。 일부러 병문안 와 줘서 고마워.

☐ お土産 선물

→ 外国で買ってきたお土産です。 외국에서 사온 선물입니다.

☐ おもちゃ 장난감

→ 赤ちゃんがおもちゃを持って遊んでいた。 아기가 장난감을 가지고 놀고 있었다.

□ 表 앞

→ はがきの表に住所を書いてください。 엽서의 앞면에 주소를 써 주세요.

□ お礼 사례, 답례, 인사

→ ごちそうになったらお礼をしてください。 대접받았으면 인사를 해 주세요.

□ 終わり 끝

→ 今日はこれで終わりにしましょう。 오늘은 이것으로 끝내기로 합시다.

（か）

□ 海岸 해안

→ 海岸にはたくさんの人が休みを楽しんでいた。 해안에는 많은 사람이 휴가를 즐기고 있었다.

□ 会議 회의

→ 午後3時から会議があります。 오후 3시부터 회의가 있습니다.

□ 会場 회장, 행사를 하는 장소

→ コンサート会場までバスで行った。 콘서트장까지 버스로 갔다.

□ 会話 회화

→ 英語でアメリカ人と会話がしたい。 영어로 미국인과 회화를 하고 싶다.

□ 帰り 귀가(길)

→ 帰りに飲み屋に寄った。 귀갓길에 술집에 들렀다.

□ 科学 과학

→ 科学の時間に実験をした。 과학시간에 실험을 했다.

□ 鏡 거울

→ トイレに鏡がかかっていた。 화장실에 거울이 걸려 있었다.

□ 学部 학부

→ どの学部に行くつもりですか。 어느 학부로 갈 생각입니까?

□ 火事 화재

→ 冬は火事が起きやすい。 겨울은 화재가 발생하기 쉽다.

□ 동사 ます형 + 方^{かた} 〜하는 방법

→ この漢字の読み方を教えてください。 이 한자의 읽는 방법을 가르쳐 주세요.

□ 形^{かたち} 형태, 모양

→ この自動車は形が気に入る。 이 자동차는 모양이 마음에 든다.

□ かっこう 모습, 차림새, 생김새

→ 友だちは変なかっこうをしておどった。 친구는 이상한 모습을 하고 춤추었다.

□ 金持ち^{かねも} 부자

→ 金持ちだから幸せとは言えない。 부자이기 때문에 행복하다고는 할 수 없다.

□ 彼女^{かのじょ} 그녀

→ 彼女はきれいな花を持っていた。 그녀는 예쁜 꽃을 들고 있었다.

□ 壁^{かべ} 벽

→ 病院の壁はだいたい白い。 병원의 벽은 대체로 하얗다.

□ 髪^{かみ} 머리카락

→ 一日2回髪を洗っている。 하루에 두 번 머리를 감고 있다.

□ 彼^{かれ} 그

→ 彼の田舎は福岡だそうだ。 그의 고향은 후쿠오카라고 한다.

□ 彼ら^{かれ} 그들

→ 彼らは私の言うことを信じてくれなかった。 그들은 내가 하는 말을 믿어주지 않았다.

□ 代わり^か 대신

→ 私の代わりにこれをやってください。 제 대신에 이것을 해 주세요.

□ 関係^{かんけい} 관계

→ 二人はどんな関係ですか。 두 사람은 어떤 관계입니까?

□ 看護婦^{かんごふ} 간호사

→ この病院の看護婦はみんなやさしい。 이 병원의 간호사는 모두 상냥하다.

□ 気 마음

→ それをやる気は全然ありません。 그것을 할 마음은 전혀 없습니다.

□ 機械 기계

→ 機械が故障して修理に出した。 기계가 고장나서 수리 맡겼다.

□ 機会 기회

→ こんな機会はもうないと思う。 이런 기회는 이제 없다고 생각한다.

□ 危険 위험

→ 危険なところだから入らないでください。 위험한 곳이니 들어가지 말아주세요.

□ 汽車 기차

→ 汽車に乗って旅行に行った。 기차를 타고 여행 갔다.

□ 技術 기술

→ 彼のコンピュータの修理技術はすごい。 그의 컴퓨터 수리 기술은 굉장하다.

□ 季節 계절

→ この季節になると別れた彼女に会いたい。 이 계절이 되면 헤어진 그녀가 보고 싶다.

□ 規則 규칙

→ 規則は守るためにあるものだ。 규칙은 지키기 위해서 있는 것이다.

□ 絹 견, 명주

→ この服は絹で作られている。 이 옷은 명주로 만들어져 있다.

□ 気分 기분, 컨디션

→ 酒を飲みすぎて気分が悪くなった。 술을 너무 마셔서 속이 안 좋았다.

□ 君 자네

→ 君の言うことは全然納得いかない。 너가 말하는 것은 전혀 납득이 되지 않는다.

□ 気持ち 기분

→ 今のあなたの気持ちを言ってください。 지금 당신의 기분을 말해주세요.

□ **着物** 일본의 전통 옷

→ みんな着物を着て卒業式に来た。모두 기모노를 입고 졸업식에 왔다.

□ **急行** 급행

→ この次は急行電車です。이 다음은 급행 전철입니다.

□ **教育** 교육

→ この子に英語の教育は早すぎる。이 아이에게 영어 교육은 너무 빠르다.

□ **教会** 교회

→ 二人は教会で結婚式をあげた。두 사람은 교회에서 결혼식을 올렸다.

□ **競争** 경쟁

→ どんな競争にもぜったい負けたくない。어떤 경쟁에도 절대 지고 싶지 않다.

□ **興味** 흥미

→ あなたはどんなことに興味がありますか。당신은 어떤 것에 흥미가 있습니까?

□ **近所** 이웃, 근처

→ 近所を一人で散歩した。근처를 혼자서 산책했다.

□ **具合** (몸)상태

→ 昨日から体の具合がおかしい。어제부터 몸 상태가 이상하다.

□ **空気** 공기

→ この地域は工場がなくて空気がきれいだ。이 지역은 공장이 없어서 공기가 깨끗하다.

□ **空港** 공항

→ 空港までお客さんを迎えに行った。공항까지 손님을 마중갔다.

□ **草** 풀

→ この山にはいろんな草がある。이 산에는 여러가지 풀이 있다.

□ **首** 목

→ 事故にあって首にけがをした。사고를 당해 목을 다쳤다.

□ 雲 구름

→ 雲ひとつないとてもいい天気だ。 구름 한 점 없는 매우 좋은 날씨다.

□ 毛 털, 모

→ いもうとは毛のセーターを着ている。 여동생은 털스웨터를 입고 있다.

□ 計画 계획

→ 計画どおりに進められなかった。 계획대로 진행되지 않았다.

□ 警官 경관

→ 交番の前に警官が立っている。 파출소 앞에 경관이 서 있다.

□ 経験 경험

→ 社会に出たらいろんな経験をしたい。 사회에 나가면 여러 경험을 하고 싶다.

□ 経済 경제

→ 経済を予測するのはなかなか難しい。 경제를 예측하는 것은 상당히 어렵다.

□ 警察 경찰

→ 警察がどろぼうを捕まえた。 경찰이 도둑을 잡았다.

□ けが 상처, 부상

→ けがをしたけどすぐ治った。 부상을 입었지만 바로 나았다.

□ 景色 경치

→ この山の景色はとてもすばらしい。 이 산의 경치는 매우 훌륭하다.

□ 下宿 하숙

→ 下宿しているので朝ご飯はちゃんと食べる。 하숙을 하고 있기 때문에 아침밥은 반드시 먹는다.

□ 軒 채(건물을 세는 단위)

→ 道路の右側に古い家が一軒立っていた。 도로 오른쪽에 오래된 집이 한 채 서 있었다.

□ 原因 원인

→ 原因がない結果はない。 원인이 없는 결과는 없다.

□ けんか 싸움

→ 友だちとけんかしたけどすぐ仲直りした。친구와 싸웠지만 바로 화해했다.

□ 研究 연구

→ この機械を3年間研究した。이 기계를 3년간 연구했다.

□ 研究室 연구실

→ 研究室で教授が実験していた。연구실에서 교수님이 실험하고 있었다.

□ 見物 구경

→ 花見の見物客が多かった。꽃놀이를 구경하는 사람이 많았다.

□ 子 애, 어린이

→ 私は二人の子を持っている。나는 두 명의 아이가 있다.

□ 郊外 교외

→ 休みの日には郊外でも行ってみたい。쉬는 날에는 교외라도 나가 보고 싶다.

□ 講義 강의

→ 化学の講義を受けています。화학 강의를 받고 있습니다.

□ 工業 공업

→ この地域は工業地域です。이 지역은 공업 지역입니다.

□ 高校 고교

→ 高校を卒業して大学に入った。고교를 졸업하고 나서 대학에 들어갔다.

□ 高校生 고교생

→ 高校生はお酒を買うことができない。고등학생은 술을 살 수가 없다.

□ 工場 공장

→ 自動車工場に勤めています。자동차 공장에 근무하고 있습니다.

□ 校長 교장

→ 校長はいつもああだこうだと言う。교장 선생님은 항상 이렇다 저렇다 말을 한다.

□ **交通** 교통

→ 東京へ行く交通便は何がありますか。도쿄에 가는 교통편은 무엇이 있습니까?

□ **講堂** 강당

→ 講堂にすべての生徒が集まった。강당에 모든 학생이 모였다.

□ **公務員** 공무원

→ 公務員でも夏はネクタイをしなくてもいい。공무원이라도 여름은 넥타이를 안 해도 된다.

□ **国際** 국제

→ 最近、国際結婚が多くなった。최근에 국제결혼이 많아졌다.

□ **心** 마음

→ 彼の話を聞いて彼女の心が分かった。그의 이야기를 듣고 그녀의 마음을 알 수 있었다.

□ **故障** 고장

→ いつまでも故障しない機械はありません。언제까지나 고장나지 않는 기계는 없습니다.

□ **ご存じ** 「分かる(알다)」의 존경어

→ 先生、岡本教授をご存じですか。선생님, 오카모토 교수님을 알고 계십니까?

□ **答え** 대답

→ 彼の答えは正解ではない。그의 대답은 정답이 아니다.

□ **ごちそう** 맛있는 음식

→ テーブルの上にごちそうが並んでいた。테이블 위에 맛있는 음식이 나열되어 있었다.

□ **こっち** 이쪽

→ こっちのほうに向けてください。이쪽으로 향해 주세요.

□ **小鳥** 작은 새

→ ペットとして小鳥を飼っている。애완동물로(서) 작은 새를 키우고 있다.

□ **ごみ** 쓰레기

→ ごみを山や海に捨ててはいけません。쓰레기를 산이나 바다에 버려서는 안 됩니다.

□ **米** 쌀

→ これは米で作ったパンです。 이것은 쌀로 만든 빵입니다.

□ **今夜** 오늘 밤

→ 今夜、 みんなで飲みに行きましょう。 오늘밤 다같이 술을 마시러 갑시다.

〈さ〉

□ **最近** 최근

→ 最近のコンピュータはいろんなことができる。 최근 컴퓨터는 여러 가지를 할 수 있다.

□ **最後** 최후, 마지막

→ 最後に残った人はだれですか。 마지막에 남은 사람은 누구입니까?

□ **最初** 최초, 처음

→ これは彼が最初に発明したそうだ。 이것은 그가 최초로 발명했다고 한다.

□ **財布** 지갑

→ 財布の中にあったお金がなくなった。 지갑 안에 있었던 돈이 없어졌다.

□ **様** 「さん」의 존경어

→ お客様、 来週の水よう日までセールいたします。 손님, 다음 주 수요일까지 세일합니다.

□ **さ来月** 다다음달

→ さ来月に友だちが結婚する。 다다음달에 친구가 결혼한다.

□ **さ来週** 다다음 주

→ さ来週から英語のテストがある。 다다음 주부터 영어 테스트가 있다.

□ **字** 글자

→ この字は何と読みますか。 이 글자는 뭐라고 읽습니까?

□ **試合** 시합

→ 昨日の試合で負けてしまった。 어제 시합에서 패해 버렸다.

□ **仕方** 하는 방법

→ 先生が怒るのも仕方ない。 선생님이 화를 내는 것도 어쩔 수 없다.

□ 式 식
→ 式は10時からです。식은 10시부터입니다.

□ 試験 시험
→ 来週から四つの試験がある。다음 주부터 4개의 시험이 있다.

□ 事故 사고
→ 事故にあったが無事だった。사고가 있었지만, 무사했다.

□ 地震 지진
→ 地震が起きてみんな逃げた。지진이 일어나서 모두 도망쳤다.

□ 時代 시대
→ 大学時代にはよく旅行に行ったものだ。대학시절에는 자주 여행 가곤 했었지.

□ 下着 속옷
→ 友だちの誕生日に下着をプレゼントした。친구 생일에 속옷을 선물했다.

□ 支度 준비
→ 食事の支度はもう終わった。식사 준비는 벌써 끝났다.

□ 失敗 실패
→ もう二度と失敗したくない。이제 두 번 다시 실패하고 싶지 않다.

□ 失礼 실례
→ そんなことを言ったら失礼です。그런 것을 말하면 실례입니다.

□ 辞典 사전
→ もうちょっと厚い辞典はございませんか。좀 더 두꺼운 사전은 없습니까?

□ 品物 물건
→ このスーパーにはいろんな品物がありますね。이 슈퍼에는 여러 물건이 있군요.

□ 島 섬
→ 島でつりをしている人々が見えた。섬에서 낚시를 하고 있는 사람들이 보였다.

□ **事務所** 사무소, 사무실

→ 事務所が暑くてクーラーをつけた。사무실이 더워서 에어컨을 켰다.

□ **社会** 사회

→ 社会では人間関係がとても大事だ。사회에서는 인간관계가 매우 중요하다.

□ **社長** 사장

→ 社長のいないところでたばこを吸った。사장님이 없는 곳에서 담배를 피웠다.

□ **じゃま** 방해, 실례

→ 仕事にじゃまになるものを片付けた。일에 방해되는 것을 치웠다.

□ **習慣** 습관

→ 子どもの時からの習慣を直すのはなかなか難しい。어릴 때부터의 습관을 고치는 것은 상당히 어렵다.

□ **住所** 주소

→ ここに住所とお名前を書いてください。여기에 주소와 이름을 써 주세요.

□ **柔道** 유도

→ 中学の時から柔道を習った。중학교 때부터 유도를 배웠다.

□ **出席** 출석

→ 山田さん、明日の会議に出席できますか。야마다 씨, 내일 회의에 출석할 수 있습니까?

□ **出発** 출발

→ もうすぐ出発します。이제 곧 출발하겠습니다.

□ **趣味** 취미

→ 私の趣味は山登りです。제 취미는 등산입니다.

□ **準備** 준비

→ 準備が終わったら出発しましょう。준비가 끝나면 출발합시다.

□ **紹介** 소개

→ 自己紹介をしてください。자기소개를 해 주세요.

□ 正月 정월, 설날

→ 正月に田舎へ帰るつもりです。 설날에 고향에 돌아갈 생각입니다.

□ 小学校 초등학교

→ 小学校の運動会があった。 초등학교의 운동회가 있었다.

□ 小説 소설

→ この小説は大学の時、読んだことがある。 이 소설은 대학교 때 읽은 적이 있다.

□ 招待 초대

→ 誕生日のパーティーに招待された。 생일 파티에 초대되었다.

□ 将来 장래

→ 将来、何になりたいですか。 장래에 무엇이 되고 싶습니까?

□ 食事 식사

→ 時間があったら食事でもいっしょにいかがですか。 시간이 있으면 식사라도 어떻습니까?

□ 食料品 식료품

→ 食料品を買いにスーパーへ行った。 식료품을 사러 슈퍼에 갔다.

□ 女性 여성

→ この会社には女性社員が多い。 이 회사에는 여직원이 많다.

□ 人口 인구

→ 毎年人口が増えている。 매년 인구가 늘고 있다.

□ 神社 신사

→ この神社は日本でもとても有名なところだ。 이 신사는 일본에서도 유명한 곳이다.

□ 心配 걱정

→ 心配をおかけしてすみません。 걱정을 끼쳐서 죄송합니다.

□ 新聞社 신문사

→ 大学を卒業して新聞社に入った。 대학을 졸업하고 신문사에 들어갔다.

□ 水泳 수영
→ 水泳をしに友だちとプールに行った。 수영을 하러 친구와 풀장에 갔다.

□ 水道 수도
→ 水道からずっと水が出てきた。 수도에서 계속 물이 나왔다.

□ 数学 수학
→ 数学のテストはとても難しかった。 수학 시험은 매우 어려웠다.

□ 砂 모래
→ この海にある砂はとてもきれいだ。 이 바다에 있는 모래는 매우 깨끗하다.

□ 隅 구석
→ 部屋の隅のほうにいすがあった。 방의 구석 쪽에 의자가 있었다.

□ すり 소매치기
→ すりが警察に捕まった。 소매치기가 경찰에게 붙잡혔다.

□ 製 제
→ この自動車は中国製だ。 이 자동차는 중국제이다.

□ 生活 생활
→ お金がなくて生活がたいへんだ。 돈이 없어서 생활이 힘들다.

□ 政治 정치
→ 政治はいくら理解しようとしても無理でした。 정치는 아무리 이해하려고 해도 무리였습니다.

□ 西洋 서양
→ 日本にも西洋の文化が多い。 일본에도 서양 문화가 많다.

□ 世界 세계
→ 世界のあちこちに行ってみたいです。 세계 여기저기에 가 보고 싶습니다.

□ 席 좌석
→ この席には若い人は座ることができません。 이 자리에는 젊은 사람은 앉을 수 없습니다.

□ **説明** 설명

→ もうちょっとわかりやすく説明してください。 좀 더 이해하기 쉽게 설명해 주세요.

□ **背中** 등

→ 背中のほうに番号がついていた。 등 쪽에 번호가 붙여져 있었다.

□ **線** 선

→ この白い線をオーバーしないでください。 이 하얀 선을 넘지 말아주세요.

□ **戦争** 전쟁

→ 戦争が起きるとみんな大変だ。 전쟁이 일어나면 모두 힘들다.

□ **先輩** 선배

→ 先輩にいろいろ教えてもらった。 선배에게 여러 가지 가르침을 받았다.

□ **専門** 전문, 전공

→ 私の専門は日本の歴史です。 제 전공은 일본 역사입니다.

□ **相談** 상담

→ 部長、相談したいことがありますが。 부장님, 상담하고 싶은 것이 있습니다만.

□ **卒業** 졸업

→ 卒業したのにまだ仕事がない。 졸업했는데 아직 직업이 없다.

□ **祖父** 조부

→ 祖父の家に遊びに行くことにした。 할아버지 집에 놀러 가기로 했다.

□ **祖母** 조모

→ 祖母は去年亡くなった。 할머니는 작년에 돌아가셨다.

(た)

□ **代** 대, 가격

→ 電気代が高くなった。 전기세가 비싸졌다.

□ **退院** 퇴원

→ 来週退院します。 다음 주 퇴원합니다.

☐ 大学生（だいがくせい） 대학생

→ おとうとは今年（ことし）、大学生（だいがくせい）になります。 남동생은 올해 대학생이 됩니다.

☐ 台風（たいふう） 태풍

→ 台風（たいふう）で飛行機（ひこうき）が飛（と）べなくなった。 태풍으로 비행기가 날 수 없게 되었다.

☐ 畳（たたみ） 다다미(일본식 방에 까는 것)

→ この部屋（へや）は畳（たたみ）がとても汚（きたな）い。 이 방은 다다미가 매우 더럽다.

☐ たな 선반

→ たなの上（うえ）にあるなべを出（だ）してください。 선반 위에 있는 냄비를 꺼내 주세요.

☐ 楽（たの）しみ 즐거움, 낙

→ あなたの人生（じんせい）の楽（たの）しみは何（なん）ですか。 당신의 인생의 즐거움은 무엇입니까?

☐ 男性（だんせい） 남성

→ この中（なか）には男性（だんせい）は入（はい）れません。 이 안에는 남성은 들어갈 수 없습니다.

☐ 暖房（だんぼう） 난방

→ 寒（さむ）いので暖房（だんぼう）をつけてください。 추우니 난방을 켜 주세요.

☐ 血（ち） 피

→ 疲（つか）れてはなから血（ち）が出（で）た。 피곤해서 코에서 피가 났다.

☐ 力（ちから） 힘

→ これを動（うご）くためには力（ちから）が要（い）ります。 이것을 움직이게 하기 위해서는 힘이 필요합니다.

☐ 注意（ちゅうい） 주의

→ 発音（はつおん）に注意（ちゅうい）して読（よ）んでください。 발음에 주의해서 읽어주세요.

☐ 中学校（ちゅうがっこう） 중학교

→ 中学校（ちゅうがっこう）の前（まえ）に大（おお）きなデパートができた。 중학교 앞에 큰 백화점이 생겼다.

☐ 注射（ちゅうしゃ） 주사

→ 子（こ）どもはだいたい注射（ちゅうしゃ）をこわがる。 아이는 대체로 주사를 무서워한다.

□ 駐車場 주차장

→ 車を駐車場に入れた。 자동차를 주차장에 넣었다.

□ ちり 먼지, 티끌

→ ちり一つもないきれいな部屋だった。 티끌 하나 없는 깨끗한 방이었다.

□ 月 달

→ 今夜は月が見えないらしい。 오늘밤에는 달이 보이지 않는 것 같다.

□ 月 달

→ 一月休むことにした。 한 달 쉬기로 했다.

□ 都合 사정, 형편

→ 都合がよければお酒でも飲みに行こう。 사정이 괜찮으면 술이라도 마시러 가자.

□ 妻 부인

→ 妻は家でコンピュータの勉強をしています。 아내는 집에서 컴퓨터 공부를 하고 있습니다.

□ つもり 작정, 생각, 추정

→ 来年、日本へ留学に行くつもりです。 내년에 일본에 유학 갈 생각입니다.

□ 手袋 장갑

→ 誕生日に彼女から手袋をもらった。 생일에 그녀에게 장갑을 받았다.

□ 寺 절

→ 日本はどこへ行ってもお寺がある。 일본은 어디에 가도 절이 있다.

□ 点 점

→ 英語のテストの点がよくなかった。 영어 시험 점수가 좋지 않았다.

□ 店員 점원

→ 店員はとても親切に説明してくれた。 점원은 매우 친절하게 설명해 주었다.

□ 天気予報 일기예보

→ 天気予報では明日は雨が降らないそうだ。 일기예보에서는 내일은 비가 내리지 않는다고 한다.

□ 電灯（でんとう） 전등

→ 電灯（でんとう）がついてないから暗（くら）いです。 전등이 켜지지 않아서 어둡습니다.

□ 電報（でんぽう） 전보

→ 電報（でんぽう）を打（う）つために郵便局（ゆうびんきょく）へ行（い）った。 전보를 치기 위해서 우체국에 갔다.

□ 展覧会（てんらんかい） 전람회

→ 展覧会（てんらんかい）は来週（らいしゅう）開（ひら）かれます。 전람회는 다음 주에 개최됩니다.

□ 道具（どうぐ） 도구

→ 人間（にんげん）は道具（どうぐ）を使（つか）う動物（どうぶつ）です。 인간은 도구를 사용하는 동물입니다.

□ 動物園（どうぶつえん） 동물원

→ 子（こ）どもを連（つ）れて動物園（どうぶつえん）へ行（い）った。 아이를 데리고 동물원에 갔다.

□ 遠（とお）く 멀리

→ 富士山（ふじさん）が遠（とお）く見（み）える。 후지산이 멀리 보인다.

□ 通（とお）り 길, 거리

→ この通（とお）りを過（す）ぎると銀行（ぎんこう）がある。 이 길을 지나면 은행이 있다.

□ 時（とき） 때

→ 大学（だいがく）の時（とき）、 バンドをした。 대학 때 밴드를 했다.

□ とこや 이발소

→ 最近（さいきん）、 とこやには若（わか）い男性（だんせい）が行（い）かなくなった。 최근 이발소에는 젊은 남성이 가지 않게 되었다.

□ 年（とし） 해, 년

→ この年（とし）はいろんなことが起（お）きた。 이 해에는 여러 일이 일어났다.

□ 途中（とちゅう） 도중

→ 仕事（しごと）を途中（とちゅう）でやめてはいけない。 일을 도중에 그만둬서는 안 된다.

□ 特急（とっきゅう） 특급

→ 特急（とっきゅう）に乗（の）って行（い）ったほうが早（はや）い。 특급을 타고 가는 편이 빠르다.

□ どっち 어느 쪽

→ あなたはこの中でどっちをしますか。 당신은 이 중에서 어느 쪽을 하겠습니까?

□ どろぼう 도둑

→ 夕べ、どろぼうに入られた。 어젯밤 도둑이 침입했다.

(な)

□ 内容 내용

→ 授業の内容は何ですか。 수업 내용은 무엇입니까?

□ 名前 이름

→ 名前を忘れてしまった。 이름을 잊어버렸다.

□ におい 냄새

→ いいにおいがするからおいしいでしょう。 좋은 냄새가 나니까 맛있겠죠.

□ 日記 일기

→ 毎日、日記をつけています。 매일 일기를 쓰고 있습니다.

□ 入院 입원

→ 入院したがすぐ退院した。 입원했지만 바로 퇴원했다.

□ 入学 입학

→ 来週、子どもが小学校に入学します。 다음 주, 아이가 초등학교에 입학합니다.

□ 人形 인형

→ 彼女は人形が大好きです。 그녀는 인형을 매우 좋아합니다.

□ 値段 가격

→ この自動車は来月、値段が下がるそうです。 이 자동차는 다음 달 가격이 내려간다고 합니다.

□ 熱 열

→ 熱がすごかったので病院に行った。 열이 심했기 때문에 병원에 갔다.

□ のど 목구멍

→ 歌いすぎてのどが痛い。 노래를 너무 불러서 목이 아프다.

□ 乗り物 탈것

→ 東京までの乗り物は何ですか。 도쿄까지의 탈 것은 무엇입니까?

（は）

□ 葉 잎

→ 落ちている葉の中できれいなものをひろった。 떨어져 있는 잎 중에서 예쁜 것을 주웠다.

□ 場合 경우

→ 昨日の場合はそうするしかなかったんです。 어제의 경우는 그렇게 할 수밖에 없었습니다.

□ 倍 배

→ 値段が2倍もするけどおいしい。 가격이 두 배나 하지만 맛있다.

□ 歯医者 치과의사

→ 子どもたちはだいたい歯医者をこわがる。 아이들은 대체로 치과의사를 무서워한다.

□ 発音 발음

→ 彼の英語の発音はとてもよかった。 그의 영어 발음은 매우 좋았다.

□ 花見 꽃구경

→ 花見に行こうとしたが時間がない。 꽃구경을 가려고 했지만 시간이 없다.

□ 番組 프로그램

→ 子どもにいい番組があまりない。 아이에게 좋은 프로그램이 별로 없다.

□ 反対 반대

→ 私は反対しませんが、 ほかの人はみんな反対です。 저는 반대하지 않지만 다른 사람은 모두 반대입니다.

□ 火 불

→ 火の遊びは危ないですからやめてください。 불장난은 위험하기 때문에 그만둬 주세요.

□ 日 날

→ ぜったい今日のような日が来ると信じた。 절대 오늘 같은 날이 올 거라고 믿었다.

□ 引き出し 서랍

→ 引き出しの中に財布があります。 서랍 안에 지갑이 있습니다.

□ ひげ　수염

→ 女性もひげが生えるそうです。여성도 수염이 난다고 합니다.

□ 飛行場　비행장, 공항

→ 飛行場で飛行機が飛ぼうとしていた。비행장에서 비행기가 날려고 하고 있었다.

□ 美術館　미술관

→ 美術館は月よう日は休みだそうだ。미술관은 월요일은 쉰다고 한다.

□ 昼間　낮

→ 昼間に出発することにした。낮에 출발하기로 했다.

□ 昼休み　점심 시간

→ 昼休みに友だちと買い物をした。점심 시간에 친구와 쇼핑을 했다.

□ 復習　복습

→ 毎日復習するのはたいへんだ。매일 복습하는 것은 힘들다.

□ 普通　보통

→ 休みの日は普通、家でゆっくりします。쉬는 날에는 보통 집에서 푹 쉽니다.

□ ぶどう　포도

→ ぶどうで作ったジュースです。포도로 만든 주스입니다.

□ 布団　이불

→ 布団をかけないで寝たのでかぜを引いた。이불을 덮지 않고 잤기 때문에 감기 들었다.

□ 船　배

→ 船に乗って日本へ行った。배를 타고 일본에 갔다.

□ 文化　문화

→ 国によって文化は違います。나라에 따라 문화는 다릅니다.

□ 文学　문학

→ 文学を専門にしようと思っています。문학을 전공으로 하려고 생각하고 있습니다.

□ 文法（ぶんぽう） 문법

→ 文法（ぶんぽう）より会話（かいわ）が習（なら）いたいです。 문법보다 회화를 배우고 싶습니다.

□ 返事（へんじ） 답변, 답장

→ 彼女（かのじょ）からの返事（へんじ）をずっと待（ま）っている。 그녀로부터의 답변을 계속 기다리고 있다.

□ 貿易（ぼうえき） 무역

→ 外国（がいこく）との貿易（ぼうえき）はたいへんです。 외국과의 무역은 힘듭니다.

□ 放送（ほうそう） 방송

→ まだテレビの放送時間（ほうそうじかん）ではない。 아직 텔레비전의 방송 시간이 아니다.

□ 法律（ほうりつ） 법률

→ 法律（ほうりつ）を作（つく）っても守（まも）らないと意味（いみ）がない。 법률을 만들어도 지키지 않으면 의미가 없다.

□ 僕（ぼく） 「私（わたし）」의 남자 용어

→ 僕（ぼく）は毎日復習（まいにちふくしゅう）と予習（よしゅう）をしている。 나는 매일 복습과 예습을 하고 있다.

□ 星（ほし） 별

→ 湖（みずうみ）に星（ほし）が映（うつ）っていて美（うつく）しかった。 호수에 별이 비추고 있어서 아름다웠다.

□ ほんやく 번역

→ この文章（ぶんしょう）を日本語（にほんご）でほんやくするのは難（むずか）しい。 이 문장을 일본어로 번역하는 것은 어렵다.

(ま・や)

□ 周（まわ）り 주변

→ 駅（えき）の周（まわ）りにはたくさんの店（みせ）がある。 역 주변에는 많은 가게가 있다.

□ 漫画（まんが） 만화

→ 歴史（れきし）の漫画（まんが）は子（こ）どもにも役（やく）に立（た）つ。 역사 만화는 아이에게도 도움이 된다.

□ 真（ま）ん中（なか） 한가운데

→ 真（ま）ん中（なか）に立（た）っている人（ひと）が教授（きょうじゅ）です。 한가운데에 서 있는 사람이 교수님입니다.

□ 湖（みずうみ） 호수

→ 湖（みずうみ）の上（うえ）に鳥（とり）が飛（と）んでいた。 호수 위에 새가 날고 있었다.

□ みそ 된장

→ みits の味は地域によって違う。 된장 맛은 지역에 따라 다르다.

□ 緑 초록, 자연

→ 子どものために緑を守ろう。 아이를 위해서 자연을 지키자.

□ みな 모두

→ みな、先生の話をよく聞いてください。 모두 선생님의 이야기를 잘 들어주세요.

□ 港 항구

→ 港で船が出入りしていた。 항구에서 배가 드나들고 있었다.

□ 昔 옛날

→ 昔はこんなに空気が悪くなかったのに。 옛날에는 이렇게 공기가 나쁘지 않았는데.

□ 虫 벌레

→ 森でたくさんの虫がないている。 숲에서 많은 벌레가 울고 있다.

□ 息子 아들

→ 息子はいつも遊んでばかりいます。 아들은 항상 놀기만 합니다.

□ 娘 딸

→ 娘は来週友だちと旅行に行く。 딸은 다음 주에 친구와 여행 간다.

□ 村 마을

→ この村はさくらがとてもきれいだ。 이 마을은 벚꽃이 매우 예쁘다.

□ 目 눈

→ 本を読みすぎて目が痛い。 책을 너무 읽어서 눈이 아프다.

□ めがね 안경

→ 小学校の時からめがねをかけた。 초등학교 때부터 안경을 꼈다.

□ 木綿 목면, 솜

→ 木綿のハンカチを買った。 목면 손수건을 샀다.

□ 約束　약속

→ 約束は守るためにあるものだ。약속은 지키기 위해서 있는 것이다.

02 동사

(あ)

□ 合う　맞다

→ 彼とは性格が合わない。그와는 성격이 맞지 않다.

□ 上がる　올라가다

→ やちんが二倍も上がった。집세가 두 배나 올랐다.

□ 空く　비다

→ 電車の中は空いていた。전철 안은 비어 있었다.

□ 上げる　올리다

→ わかる人は手を上げてください。아는 사람은 손을 들어 주세요.

□ 集まる　모이다(자동사)

→ みんな午後6時に集まるつもりです。모두 오후 6시에 모일 예정입니다.

□ 集める　모으다(타동사)

→ ごみを集めて燃やしました。쓰레기를 모아서 태웠습니다.

□ あやまる　사과하다

→ あなたがあやまらないと何もできません。당신이 사과하지 않으면 아무 것도 할 수 없습니다.

□ 生きる　살다, 영위하다

→ 100才になったおばあちゃんはまだ生きている。100살이 된 할머니는 아직 살아 있다.

□ いじめる　괴롭히다

→ 友だちをいじめてはだめです。친구를 괴롭혀서는 안 됩니다.

□ 急ぐ　서두르다

→ 今から急いでももう遅いです。지금부터 서둘러도 이미 늦습니다.

□ 致す 「する(하다)」의 겸양어

  → この仕事は私がいたします。 이 일은 제가 하겠습니다.

□ いただく 「もらう(받다)」의 겸양어

  → これは部長からいただいたプレゼントです。 이것은 부장님께 받은 선물입니다.

□ 祈る 기도하다, 기원하다

  → 息子の無事を祈った。 아들의 무사를 기원했다.

□ いらっしゃる 「行く(가다)・来る(오다)」의 존경어

  → さっき山田という方がいらっしゃいました。 조금 전에 야마다라는 분이 오셨습니다.

□ 植える 심다

  → 庭にさくらの木を植えた。 정원에 벚꽃나무를 심었다.

□ うかがう 「聞く(묻다)・訪ねる(방문하다)」의 겸양어

  → 1. 知らないところを先生にうかがいました。 모르는 부분을 선생님께 여쭈었습니다.

  → 2. 明日、先生にお宅にうかがうことにした。 내일 선생님 댁에 찾아뵙기로 했다.

□ 受ける (시험을) 치다, 받다

  → 試験を受けたが、点がよくなかった。 시험을 쳤지만 점수가 좋지 않았다.

□ 動く 움직이다

  → 先生の話を聞いてみんな動いた。 선생님 말을 듣고 모두 움직였다.

□ 打つ 치다

  → 子どもたちはボールを打ってあそんでいた。 아이들은 공을 치면서 놀고 있었다.

□ 写す 베끼다, 사진으로 찍다, 그리다

  → 山の景色をノートに写した。 산의 경치를 노트에 담았다.

□ 移る 이동되다, 옮겨지다

  → けさ、会社に来たらつくえの位置が移っていた。 오늘 아침에 회사에 왔더니 책상 위치가 옮겨져 있었다.

□ 選ぶ 선택하다

  → 好きなものを選んでください。 좋아하는 것을 선택해 주세요.

□ おいでになる 「行く(가다)・来る(오다)」의 존경어

→ 部長、いつ会社においでになりましたか。부장님, 언제 회사에 오셨습니까?

□ 送る 보내다

→ 来週の土よう日までに書類を送ってください。다음 주 토요일까지 서류를 보내 주세요.

□ 遅れる 늦다

→ 電車が故障して会社に遅れた。전철이 고장나서 회사에 늦었다.

□ 起こす 일으키다

→ 息子が問題を起こしたので学校に行った。아들이 문제를 일으켜서 학교에 갔다.

□ 行う 행하다

→ 彼が行うことを信じてください。그가 행하는 일을 믿어 주세요.

□ 怒る 화내다

→ 父はその知らせを聞いて怒った。아버지는 그 소식을 듣고 화를 냈다.

□ 落ちる 떨어지다

→ 試験に落ちてがっかりした。시험에 떨어져서 실망했다.

□ おっしゃる 「言う(말하다)」의 존경어

→ みなさん、一言もおっしゃらないでください。여러분, 한마디도 말씀하지 말아주세요.

□ 落とす 떨어뜨리다, 잃어버리다

→ バスの中で大事な書類を落としてしまった。버스 안에서 중요한 서류를 잃어버렸다.

□ 踊る 춤추다

→ 友だちは部屋で一人で踊っていた。친구는 방에서 혼자서 춤추고 있었다.

□ 驚く 놀라다

→ 私の言うことを聞いて驚かないでください。내가 하는 말을 듣고 놀라지 말아 주세요.

□ 思い出す 생각해내다, 상기하다

→ 1年ぶりに会った彼の名前が思い出せなかった。1년 만에 만난 그의 이름을 떠올릴 수 없었다.

□ 思う　생각하다

→ 明日も雨が降ると思います。 내일도 비가 내릴 거라고 생각합니다.

□ 下りる　내리다

→ 駅を下りると、すぐ前に銀行がある。 역에서 내리면 바로 앞에 은행이 있다.

□ おる　「いる(있다)」의 겸양어

→ 山田はとなりの事務所におります。 야마다는 옆 사무실에 있습니다.

□ 折れる　접히다. 구부러지다. 부러지다

→ 道でころんで足が折れた。 길에서 넘어져서 다리가 부러졌다.

(か)

□ 変える　바꾸다

→ 服を変えたほうがいいと思うよ。 옷을 바꾸는 편이 좋다고 생각해.

□ 掛ける　걸다

→ 彼に話掛けても答えなかった。 그에게 말을 걸어도 대답하지 않았다.

□ かける　앉다. 끼치다

→ 1. 友だちはソファーにかけている。 친구는 소파에 앉아 있다.

→ 2. 心配をかけてすみませんでした。 걱정을 끼쳐서 죄송했습니다.

□ 飾る　장식하다

→ 玄関を木で飾った。 현관을 나무로 장식했다.

□ 片付ける　정리하다

→ つくえの上をきれいに片付けた。 책상 위를 깨끗하게 정리했다.

□ 勝つ　이기다

→ 今度こそ相手チームに勝ってほしい。 이번이야말로 상대팀에 이기기를 바란다.

□ かまう　상관하다

→ ここで食事をしてもかまわない。 여기서 식사를 해도 상관없다.

□ かむ 물다

→ キャンディーをかんで食べる人もいる。 사탕을 깨물어 먹는 사람도 있다.

□ 通う 다니다

→ 英語教室に通っています。 영어 교실에 다니고 있습니다.

□ 乾く 마르다

→ のどが乾いてビールをいっぱい飲んだ。 목이 말라서 맥주를 한 잔 했다.

□ 変わる 바뀌다

→ 女の心はよく変わるものだ。 여자의 마음은 자주 바뀌는 것이다.

□ 考える 생각하다

→ この問題についてよく考えてください。 이 문제에 대해서 잘 생각해 주세요.

□ がんばる 분발하다

→ みんな明日の試合のためにがんばっている。 모두 내일 시합을 위해서 열심히 하고 있다.

□ 聞こえる 들리다

→ 波の音が聞こえてきた。 파도 소리가 들려왔다.

□ 決まる 정해지다

→ 会議の時間は決まりましたか。 회의 시간은 정해졌습니까?

□ 決める 결정하다

→ これについては来週までに決めてください。 이것에 대해서는 다음 주까지 결정해 주세요.

□ くださる 「くれる(주다)」의 존경어

→ これは先生がくださったものです。 이것은 선생님이 주신 것입니다.

□ 比べる 비교하다

→ 人は誰でも比べられることを嫌う。 사람은 누구라도 비교당하는 것을 싫어한다.

□ 暮れる 저물다

→ 日が暮れる海は美しい。 해가 저무는 바다는 아름답다.

□ **くれる** 남이 나에게 주다

→ 私の代わりに言ってくれ！나 대신에 말해 줘!

□ **ございます** 「あります(있습니다)」의 정중한 표현

→ 先生の辞書はどこにございますか。선생님의 사전은 어디에 있습니까?

□ **込む** 붐비다

→ 道が込んで途中で帰ってきた。길이 붐벼서 도중에 돌아왔다.

□ **ごらんになる** 「見る(보다)」의 존경어

→ 先生、私のレポートをごらんになりましたか。선생님, 제 리포트를 보셨습니까?

□ **壊す** 부수다

→ 子どもが時計を壊した。아이가 시계를 망가뜨렸다.

□ **壊れる** 부서지다, 고장나다

→ ビデオが壊れて見られない。비디오가 고장나서 볼 수 없다.

(さ)

□ **探す** 찾다

→ いくら探しても私のかさはなかった。아무리 찾아도 내 우산은 없었다.

□ **下がる** 내려가다

→ テレビの値段が下がりました。텔레비전의 가격이 내려갔습니다.

□ **下げる** 내리다

→ もうちょっと左のほうに下げてください。좀더 왼쪽으로 내려주세요.

□ **差し上げる** 「あげる, やる」의 겸양어

→ このみかんをみんなに差し上げます。이 귤을 여러분께 드리겠습니다.

□ **騒ぐ** 떠들다

→ 騒ぐ人はここに名前を書いてください。떠드는 사람은 여기에 이름을 써 주세요.

□ **触る** 만지다

→ 博物館の中にあるものは触らないでください。박물관 안에 있는 것을 만지지 말아주세요.

□ しかる 꾸짖다

→ 子どもをいつもしかってばかりいてはいけない。 아이를 항상 꾸짖기만 해서는 안 된다.

□ しまう 해 버리다

→ ビールを一人で全部飲んでしまった。 맥주를 혼자서 전부 마셔 버렸다.

□ 承知する 알다, 승낙하다

→ 先生のおっしゃること、承知しました。 선생님이 하시는 말씀 알겠습니다.

□ 知らせる 알리다

→ 友だちの結婚をみんなに知らせた。 친구의 결혼을 모두에게 알렸다.

□ 調べる 조사하다

→ 図書館で資料を調べた。 도서관에서 자료를 조사했다.

□ 過ぎる 지나다

→ 約束の時間が1時間も過ぎてしまった。 약속 시간이 한 시간이나 지나 버렸다.

□ すぎる 지나치게 ~하다

→ 飲みすぎて頭が痛い。 과음해서 머리가 아프다.

□ すく 비다, 공복이 되다

→ 1. バスの中はわりとすいていた。 버스 안은 비교적 비어 있었다.

→ 2. お腹がすいてラーメンを食べた。 배가 고파서 라면을 먹었다.

□ 捨てる 버리다

→ ここにあるものは全部捨ててください。 여기에 있는 것은 전부 버려주세요.

□ すべる 미끄러지다

→ 階段ですべってけがをした。 계단에서 미끄러져서 부상을 입었다.

□ 済む 끝나다

→ 昼ご飯はもう済みました。 점심밥은 이미 끝났습니다.

□ 世話をする 돌보다

→ 子どもの世話をするのはたいへんだ。 아이를 돌보는 것은 힘들다.

□ 育てる 키우다

→ 私は祖父のもとで育てられた。 나는 할아버지 밑에서 자랐다.

(た)

□ 倒れる 쓰러지다

→ 急に父が倒れてびっくりした。 갑자기 아버지가 쓰러져서 깜짝 놀랐다.

□ 足す 더하다

→ 1に1を足すと2になる。 1에 1을 더하면 2가 된다.

□ 동사ます형 + だす (갑자기) ~하기 시작하다

→ 彼女が泣き出したので理由を聞いてみた。 그녀가 갑자기 울음을 터뜨려서 이유를 물어보았다.

□ 訪ねる 방문하다

→ 来週、日本を訪ねるつもりです。 다음 주 일본을 방문할 생각입니다.

□ たずねる 묻다

→ みんなにたずねても教えてくれなかった。 모두에게 물어봐도 가르쳐 주지 않았다.

□ 建てる 세우다

→ このビルは外国人によって建てられた。 이 건물은 외국인에 의해서 세워졌다.

□ 足りる 충분하다

→ これぐらいあると足ります。 이 정도 있으면 충분합니다.

□ 捕まえる 붙잡다

→ 捕まえたら危ないから逃げよう。 붙잡히면 위험하니 도망가자.

□ つく 켜지다

→ 道路の電灯がついた。 도로의 전등이 켜졌다.

□ つける 관용구적인 개념

→ 車に気をつけてください。 자동차를 주의해 주세요.

□ つける 담그다, 적시다

→ 川に足をつけた。 강에 발을 담궜다.

□ 続く　계속되다

→ 授業は休まなくて続いた。 수업은 쉬지 않고 계속되었다.

□ 続ける　계속하다

→ 雨が降ったのに試合を続けた。 비가 내렸는데 시합을 계속했다.

□ 包む　포장하다

→ この人形をきれいに包んでください。 이 인형을 예쁘게 포장해 주세요.

□ つる　낚다, 낚시하다

→ とても大きい魚をつった。 매우 큰 물고기를 낚았다.

□ 連れる　동반하다

→ 明日の集まりに子どもを連れて行きます。 내일 모임에 아이를 데리고 가겠습니다.

□ できる　생기다

→ 恋人ができてうれしいです。 애인이 생겨서 기쁩니다.

□ 手伝う　돕다, 거들다

→ 私が手伝うことがあったらいつでも言ってください。 제가 도울 일이 있으면 언제든지 말해 주세요.

□ 通る　지나다

→ 工事中だから通ることはできない。 공사 중이므로 지나갈 수는 없다.

□ 届ける　배달하다

→ 買ったテレビを届けてもらった。 산 텔레비전을 배달받았다.

□ 泊まる　머물다, 숙박하다

→ 今日はこのホテルに泊まることにしよう。 오늘은 이 호텔에 숙박하기로 하자.

□ 止める　멈추다

→ 信号の前では止めてください。 신호 앞에서는 멈춰 주세요.

□ 取り替える 바꾸다, 교환하다

　→ デザインが気に入らなかったので取り替えた。 디자인이 마음에 안 들어서 교환했다.

(な)

□ 直す 고치다

　→ こわれたラジオを直した。 고장난 라디오를 고쳤다.

□ 直る 고쳐지다

　→ 悪いくせが直った。 나쁜 버릇이 고쳐졌다.

□ 治る 낫다

　→ みんなのおかげで病気が治りました。 모두의 덕분으로 병이 나았습니다.

□ 泣く 울다

　→ 子どもが一人で泣いていた。 아이가 혼자서 울고 있었다.

□ 無くす 없애다

　→ 悪いくせを無くすために努力した。 나쁜 버릇을 없애기 위해 노력했다.

□ 無くなる 없어지다

　→ つくえの上にあった財布がなくなった。 책상 위에 있었던 지갑이 없어졌다.

□ 亡くなる 「死ぬ(죽다)」의 존경어

　→ 両親は私が子どものころ、亡くなりました。 부모님은 제가 어릴 때 돌아가셨습니다.

□ 投げる 던지다

　→ 友だちとボールを投げながら遊んだ。 친구와 공을 던지면서 놀았다.

□ なさる 「する(하다)」의 존경어

　→ コーヒーはどうなさいますか。 커피는 어떻게 하시겠습니까?

□ 鳴る 울다

　→ 車の音が鳴って出てみた。 자동차 소리가 나서 나가 보았다.

□ 慣れる 익숙해지다

　→ もうこの仕事にも慣れてきました。 이제 이 일에도 익숙해졌습니다.

□ 逃げる 도망가다

→ たいへんなことがあっても逃げないでください。 힘든 일이 있어도 도망가지 말아주세요.

□ 似る 닮다

→ 山田さんはだれかと似ているけど、だれかな。 야마다 씨는 누군가 닮았는데, 누구지?

□ 眠る 자다

→ 赤ちゃんがしずかに眠っている。 아기가 조용히 자고 있다.

□ 残る 남다

→ 残った水はあまりないです。 남은 물은 별로 없습니다.

□ 乗り換える 갈아타다

→ 新宿で乗り換えて中野へ行った。 신주쿠에서 갈아타고 나카노에 갔다.

(は)

□ 拝見する 「見る(보다)」의 겸양어

→ 先生の論文はもう拝見しました。 선생님의 논문은 이미 봤습니다.

□ 運ぶ 운반하다

→ 荷物を運んでいるのを手伝った。 짐을 운반하고 있는 것을 도왔다.

□ 始める 시작하다

→ もうすぐ授業を始めます。 이제 곧 수업을 시작하겠습니다.

□ 払う 지불하다

→ 全部で5万円払いました。 전부 5만 엔 지불했습니다.

□ 冷える 차가워지다, 식다

→ 料理が冷えてしまっておいしくない。 요리가 식어버려 맛있지 않다.

□ びっくりする 깜짝 놀라다

→ 彼がいきなり訪ねてきたのでびっくりした。 갑자기 찾아왔기 때문에 깜짝 놀랐다.

□ 引っ越す 이사하다

→ 会社の近くに引っ越すつもりです。 회사 근처로 이사갈 생각입니다.

□ 開く　열다

→ ドアが自然に開かれた。 문이 저절로 열렸다.

□ 拾う　줍다

→ 落ちているごみを拾った。 떨어져 있는 쓰레기를 주웠다.

□ 増える　증가하다

→ 雨が降って川の水が増えた。 비가 내려서 강물이 불어났다.

□ 太る　살찌다

→ いつも夜10時すぎてご飯を食べるので太ってしまった。 항상 10시 지나서 밥을 먹기 때문에 살쪄 버렸다.

□ 踏む　밟다

→ 足を踏まれてとても痛かった。 발을 밟혀서 매우 아팠다.

□ ほめる　칭찬하다

→ よくできたので先生はほめた。 잘 했기 때문에 선생님은 칭찬했다.

(ま・や)

□ 参る　「行く(가다)・来る(오다)」의 겸양어

→ 父はあした参ると言いました。 아버지는 내일 온다고 말했습니다.

□ 負ける　패하다

→ 今日も負けてしまってくやしい。 오늘도 패해 버려서 분하다.

□ 間違える　틀리다

→ 問題を間違えて先生にしかられた。 문제를 틀려서 선생님께 혼났다.

□ 間に合う　시간이나 양이 맞다

→ 時間に間に合うかどうか知りません。 시간에 맞을지 어떨지 모르겠습니다.

□ 回る　돌다

→ 時計はいつも右に回る。 시계는 항상 오른쪽으로 돈다.

□ 見える　보이다

→ ここからはよく見えません。 여기서는 잘 보이지 않습니다.

☐ 見つかる　발견되다

→ いくら探しても見つからなかった。아무리 찾아도 발견되지 않았다.

☐ 見つける　발견하다

→ 駅の前で別れた彼女を見つけた。역 앞에서 헤어진 그녀를 발견했다.

☐ 迎える　환영하다, 마중하다

→ お客さんを迎えに空港へ行った。손님을 마중하러 공항에 갔다.

☐ 召し上がる　「食べる(먹다)・飲む(마시다)」의 존경어

→ みなさん、遠慮しないでたくさん召し上がってください。여러분, 사양하지 말고 많이 드세요.

☐ 申し上げる　「言う(말하다)」의 겸양어

→ どうぞお願い申し上げます。부탁 말씀 올립니다.

☐ 申す　「言う(말하다)」의 겸양어

→ 私は田中と申します。저는 다나카라고 합니다.

☐ 戻る　되돌아오다

→ 手紙を送ったのに戻ってきた。편지를 보냈는데 되돌아왔다.

☐ もらう　받다

→ こんなにたくさんもらってもいいですか。이렇게 많이 받아도 됩니까?

☐ 焼く　태우다, 굽다

→ パンを焼きすぎて食べられない。빵을 너무 태워서 먹을 수 없다.

☐ 役に立つ　도움이 되다

→ レポートのため本を買ったけど役に立たなかった。리포트를 위해서 책을 샀는데 도움이 되지 않았다.

□ **いくら** 아무리

→ いくら高_{たか}くても買_かうつもりです。아무리 비싸도 살 생각입니다.

□ **一度_{いちど}** 한 번

→ それについてはもう一度_{いちどかんが}考えてください。그것에 대해서는 한번 더 생각해 주세요.

□ **一生けんめい** 열심히

→ 一生_{いっしょう}けんめい勉強_{べんきょう}したのに成績_{せいせき}はよくなかった。열심히 공부했는데 성적은 좋지 않았다.

□ **いっぱい** 가득, 한잔

→ 今日_{きょう}、いっぱい飲_のみましょうか。오늘 한 잔 할까요?

□ **必_{かなら}ず** 반드시

→ 規則_{きそく}は必_{かなら}ず守_{まも}ってください。규칙은 반드시 지켜주세요.

□ **きっと** 꼭, 틀림없이

→ この本_{ほん}はきっとあなたに役_{やく}に立_たつだろう。이 책은 틀림없이 당신에게 도움이 될 것이다.

□ **急_{きゅう}に** 갑자기

→ 急_{きゅう}に彼女_{かのじょ}が泣_ないたのでびっくりした。갑자기 그녀가 울었기 때문에 깜짝 놀랐다.

□ **決_{けっ}して** 결코

→ この問題_{もんだい}が決_{けっ}して難_{むずか}しいとは思_{おも}いません。이 문제가 결코 어렵다고는 생각하지 않습니다.

□ **このあいだ** 이전, 요전

→ 山田_{やまだ}さんとはこの間_{あいだあ}会ったことがある。야마다 씨와는 요전에 만난 적이 있다.

□ **このごろ** 요즘

→ このごろ、自殺_{じさつ}する人_{ひと}が増_ふえている。요즘 자살하는 사람이 늘고 있다.

□ **これから** 지금부터

→ これから食事_{しょくじ}に行_いくところです。지금 식사하러 갈 참입니다.

□ 今度 이번, 다음

→ 今度、野球をするのはどうですか。다음에 야구를 하는 것은 어떻습니까?

□ さっき 조금 전

→ 先生はさっき家に帰りました。선생님은 조금 전에 집에 돌아갔습니다.

□ しっかり 확실하게, 분명히

→ 彼の名前はしっかり覚えている。그의 이름은 확실히 기억하고 있다.

□ しばらく 잠시, 얼마 동안

→ しばらくの間、会っていませんね。얼마 동안 만나지 못했군요.

□ 十分 충분히

→ 先生のおっしゃることは十分分かりました。선생님이 말씀하시는 것은 충분히 알았습니다.

□ ずいぶん 꽤, 상당히

→ この本はずいぶん昔のものです。이 책은 상당히 옛날 것입니다.

□ すっかり 완전히

→ 宿題をすっかり忘れていた。숙제를 완전히 잊고 있었다.

□ ずっと 계속, 훨씬

→ ずっと前から彼に会いたかった。훨씬 전부터 그를 만나고 싶었다.

□ すると 그러자

→ 先生がおもしろい話をした。 するとみんな笑った。선생님이 재미있는 이야기를 했다. 그러자 모두 웃었다.

□ ぜひ 꼭

→ 明日の集まりにぜひ来てください。내일 모임에 꼭 와 주세요.

□ ぜんぜん 전혀

→ 彼の話はぜんぜん聞きたくない。그의 이야기는 전혀 듣고 싶지 않다.

□ そう 그렇게

→ あなたがそう思うのもおかしくない。당신이 그렇게 생각하는 것도 이상하지 않다.

□ それで　그래서

→ 本を忘れてきた。　それで友だちに借りた。책을 잊고 왔다. 그래서 친구에게 빌렸다.

□ それに　게다가

→ 彼はハンサムだ。　それに勉強もよくできる。그는 잘 생겼다. 게다가 공부도 잘 한다.

□ それほど　그 정도

→ この自転車はそれほど高くない。이 자전거는 그다지 비싸지 않다.

□ そろそろ　슬슬

→ 時間が遅いからそろそろ帰ろう。시간이 늦었으니 슬슬 돌아가자.

□ だいたい　대개

→ 休みの日にはだいたい何をしますか。쉬는 날에는 대체로 무엇을 합니까?

□ だいぶ　꽤, 상당히

→ 7月になってだいぶ暑くなりました。7월이 되어 상당히 더워졌습니다.

□ だから　때문에, 그래서

→ これはとても高い。　だからだれも買わない。이것은 매우 비싸다. 때문에 아무도 사지 않는다.

□ 確か　아마

→ 確か彼は山田さんの友だちです。아마 그는 야마다 씨의 친구입니다.

□ 例えば　예를 들면

→ 例えばこの木をお金だとしよう。예를 들면 이 나무를 돈이라고 하자.

□ たまに　가끔

→ たまにお酒を飲みに行きます。가끔 술을 마시러 갑니다.

□ ちっとも　전혀, 조금도

→ 昨日見た映画はちっともおもしろくなかった。어제 본 영화는 전혀 재미없었다.

□ できるだけ　가능한 한

→ 明日はできるだけ早く来てください。내일은 가능한 한 빨리 와 주세요.

□ **とうとう** 마침내

→ とうとう彼に勝つことができた。 마침내 그에게 이길 수가 있었다.

□ **特に** 특별히, 특히

→ 特に不満はありません。 특별히 불만은 없습니다.

□ **なかなか** 좀처럼, 매우

→ 電車がなかなか来ませんね。 전철이 좀처럼 오지 않는군요.

□ **なぜ** 왜

→ なぜ事故が起きたのか知りません。 왜 사고가 일어났는지 모르겠습니다.

□ **なるべく** 가능한 한

→ なるべく、 みなさん全員参加してください。 가능한 한 여러분 전원 참가해 주세요.

□ **なるほど** 과연

→ なるほど、 先生のおっしゃったとおりですね。 과연, 선생님이 말씀하신 대로이군요.

□ **熱心に** 열심히

→ 熱心に勉強したのに点は上がらなかった。 열심히 공부했는데 점수는 오르지 않았다.

□ **はっきり** 분명히

→ それについてははっきりわかりません。 그것에 대해서는 확실히 모르겠습니다.

□ **久しぶり** 오랜만에

→ 久しぶりにお酒を飲みに行った。 오랜만에 술을 마시러 갔다.

□ **非常に** 매우

→ 今日のテストは非常に満足した。 오늘 시험은 매우 만족했다.

□ **べつに** 딱히, 특별히

→ べつに問題はないが、 もう少し直してください。 딱히 문제는 없지만 조금 더 고쳐주세요.

□ **ほとんど** 거의

→ 最近、 山田さんをほとんど見たことがない。 최근에 야마다 씨를 거의 본 적이 없다.

☐ まず 우선

→ まず知^しらないところからやってみよう。 우선 모르는 곳부터 해보자.

☐ または 또는

→ りんごまたはオレンジジュースがあります。 사과 또는 오렌지 주스가 있습니다.

☐ もうすぐ 이제 곧

→ もうすぐ映画^{えいが}が始^{はじ}まるので入^{はい}りましょう。 이제 곧 영화가 시작되니 들어갑시다.

☐ もし 만약

→ もし、 私^{わたし}の言^いうことが間違^{まちが}ったら会社^{かいしゃ}をやめます。 만일 제가 하는 말이 틀렸으면 회사를 그만두겠습니다.

ⓞ4 い형용사

☐ 美^{うつく}しい 아름답다

→ 美^{うつく}しい花^{はな}を見^みると気分^{きぶん}までよくなる。 아름다운 꽃을 보면 기분까지 좋아진다.

☐ うまい 맛있다, 잘한다

→ 彼^{かれ}ほど水泳^{すいえい}がうまい人^{ひと}はいません。 그 사람만큼 수영을 잘하는 사람은 없습니다.

☐ うるさい 시끄럽다

→ 外^{そと}がうるさくて窓^{まど}を閉^しめた。 밖이 시끄러워서 창문을 닫았다.

☐ 多^{おお}い 많다

→ 人^{ひと}が多^{おお}いところはいやです。 사람이 많은 곳은 싫습니다.

☐ おかしい 이상하다, 우습다

→ あなた一人^{ひとり}だけ来^こないのはおかしい。 당신 혼자만 오지 않는 것은 이상하다.

☐ 悲^{かな}しい 슬프다

→ 悲^{かな}しい映画^{えいが}を見^みて泣^ないた。 슬픈 영화를 보고 울었다.

☐ 厳^{きび}しい 엄하다

→ 厳^{きび}しい親^{おや}のもとで育^{そだ}てられた。 엄격한 부모 밑에서 자랐다.

□ 細かい 세세하다, 잘다
→ 細かいところまで気を使っていただいてありがとうございます。 세세한 부분까지 신경 써 주셔서 감사합니다.

□ 怖い 무섭다
→ 新しい先生はとても怖かった。 새로운 선생님은 매우 무서웠다.

□ 寂しい 외롭다
→ 彼女と別れて少し寂しくなった。 그녀와 헤어져서 조금 외로워졌다.

□ 少ない 적다
→ こんな少ないお金では何もできない。 이런 적은 돈으로는 아무 것도 할 수 없다.

□ すごい 굉장하다
→ みんな試験に合格したそうだ。 すごい。 모두 시험에 합격했다고 한다. 굉장하다.

□ すばらしい 멋지다
→ せんぱいはすばらしい絵を見せてくれた。 선배는 멋진 그림을 보여주었다.

□ 正しい 바르다
→ これを正しい日本語で変えてください。 이것을 올바른 일본어로 바꾸어 주세요.

□ 苦い 맛이 쓰다
→ 薬はだいたい苦い。 약은 대체로 맛이 쓰다.

□ 眠い 졸리다
→ 夜遅くまで勉強したので眠い。 밤늦게까지 공부했기 때문에 졸린다.

□ 恥ずかしい 부끄럽다
→ 恥ずかしいことをみんなの前で言わないでください。 부끄러운 일을 모두 앞에서 말하지 말아주세요.

□ ひどい 심하다
→ こんなにひどいけがをしたのに会社に来たんですか。 이렇게 심하게 다쳤는데 회사에 왔습니까?

□ 深い 깊다
→ ここの海は深いから泳がないでください。 여기 바다는 깊으니 수영하지 마세요.

□ **珍**しい 신기하다

→ **珍**しい**鳥**を**山**で**見**つけた。 신기한 새를 산에서 발견했다.

05 な형용사

□ **安全**だ 안전하다

→ **地震**が**起**きたら**安全**なところへ**移動**してください。 지진이 일어나면 안전한 곳으로 이동해 주세요.

□ あんな 저런

→ あんな**人**ははじめて**会**いました。 저런 사람은 처음 만났습니다.

□ **大**きな 큰

→ **大**きなぶたいに**立**って**歌**ってみたい。 큰 무대에 서서 노래를 불러 보고 싶다.

□ **簡単**だ 간단하다

→ こんな**簡単**な**問題**も**知**らないのか。 이런 간단한 문제도 모르니?

□ **盛**んだ 번성하다

→ ここは**自動車産業**で**盛**んになった。 이곳은 자동차 산업으로 번성해졌다.

□ **残念**だ 유감이다

→ **試験**に**落**ちましたか。**残念**ですね。 시험에 떨어졌습니까? 유감이군요.

□ **自由**だ 자유롭다

→ ここにある**本**は**自由**に**持**っていってください。 여기에 있는 책은 자유롭게 들고 가 주세요.

□ **親切**だ 친절하다

→ **親切**にしてくれてありがとう。 친절하게 대해 줘서 고마워.

□ そんな 그런

→ そんなことはぜったい**起**きません。 그런 일은 절대 일어나지 않습니다.

□ **大事**だ 중요하다

→ とても**大事**な**書類**だから**気**をつけてください。 매우 중요한 서류이니 주의해 주세요.

□ **だめだ** 안 된다

→ ここで騒いではだめです。 여기서 떠들어서는 안 됩니다.

□ **小さな** 작은

→ 私の小さな力でも手伝います。 저의 작은 힘이라도 돕겠습니다.

□ **ていねいだ** 정중하다, 공손하다

→ わからない問題をていねいに教えてくれた。 모르는 문제를 친절하게 가르쳐 주었다.

□ **適当だ** 적당하다

→ これを適当にしてはいけない。 이것을 적당히 해서는 안 된다.

□ **特別だ** 특별하다

→ 特別にあなただけに教えます。 특별히 당신에게만 가르쳐 드리겠습니다.

□ **必要だ** 필요하다

→ 彼はもっと治療が必要です。 그는 더욱 치료가 필요합니다.

□ **複雑だ** 복잡하다

→ 複雑な問題だがよく考えてください。 복잡한 문제이지만 잘 생각해 주세요.

□ **不便だ** 불편하다

→ ちょっと不便でもがまんしない。 좀 불편해도 참아라.

□ **変だ** 이상하다

→ 彼はいつも変なことばかり言う。 그는 항상 이상한 소리만 한다.

□ **まじめだ** 성실하다

→ まじめな彼が三日も遅刻した。 성실한 그가 3일이나 지각했다.

□ **無理だ** 무리다

→ これを子どもがやるには無理です。 이것을 아이가 하기에는 무리입니다.

⑥ 기타

☐ **～おき** ～걸러

→ 一日おきにピアノのレッスンに行きます。 하루 걸러 피아노 레슨에 갑니다.

☐ **けれど(も)** ～이지만, ～하지만

→ これは私のではないけれど、ほしいですね。 이것은 제 것은 아니지만, 갖고 싶군요.

☐ **ため** ～위해서, ～때문에

→ 1. かぜを引いた私のため、薬を買ってくれた。 감기에 걸린 나를 위해서 약을 사 주었다.

→ 2. かぜを引いたため、学校を休んだ。 감기에 걸렸기 때문에 학교를 쉬었다.

☐ **ついて** ～대해서

→ 事件については何も知りません。 사건에 대해서는 아무 것도 모릅니다.

☐ **동사ます형 + ながら** ～하면서

→ テレビを見ながらご飯を食べた。 텔레비전을 보면서 밥을 먹었다.

☐ **동사ます형 + にくい** ～하기 어렵다

→ かぜで授業が受けにくいです。 감기로 수업을 받기 어렵습니다.

☐ **동사과거형 + ばかり** 막 ～하다

→ ご飯を食べたばかりなので何も食べたくない。 밥을 막 먹어서 아무 것도 먹고 싶지 않다.

☐ **はずだ** 틀림없이 ～일(할) 것이다

→ 彼も来るはずだったのに来なかった。 그도 틀림없이 오기로 했는데 오지 않았다.

☐ **ほど** 정도, 만큼

→ 彼のけがは心配するほどではない。 그의 부상은 걱정할 정도는 아니다.

☐ **동사과거형 + まま** ～한 채로

→ テレビをつけたまま寝てしまった。 텔레비전을 켠 채로 자 버렸다.

☐ **～目** ～째

→ 二時間目の授業はもう終わりました。 2교시 수업은 이미 끝났습니다.

07 가타카나어

(ア)

- [ ] アルバイト 아르바이트
- [ ] エスカレーター 에스컬레이터
- [ ] エレベーター 엘리베이터
- [ ] オートバイ 오토바이
- [ ] オーバー 오버

(カ)

- [ ] ガソリン 가솔린
- [ ] ガソリンスタンド 주유소
- [ ] ガラス 유리
- [ ] カレンダー 캘린더
- [ ] ギター 기타
- [ ] キロ(グラム) 킬로(그램)
- [ ] キロ(メートル) 킬로(미터)
- [ ] クラス 반, 학급
- [ ] コート 코트
- [ ] コップ 컵
- [ ] コンサート 콘서트

(サ)

- [ ] サンダル 샌들
- [ ] サンドイッチ 샌드위치
- [ ] シャツ 셔츠
- [ ] ジャム 잼
- [ ] スーツケース 여행용 소형 가방
- [ ] スカート 스커트
- [ ] ステレオ 스테레오
- [ ] ストーブ 스토브
- [ ] スプーン 스푼
- [ ] スポーツ 스포츠
- [ ] ズボン 바지
- [ ] スリッパ 슬리퍼
- [ ] セーター 스웨터
- [ ] ゼロ 제로

(タ)

- [ ] タイプ 타입
- [ ] タクシー 택시
- [ ] テープ 테이프
- [ ] テープレコーダー 테이프 레코더
- [ ] テーブル 테이블
- [ ] テキスト 교과서
- [ ] テスト 테스트
- [ ] テニスコート 테니스 코트
- [ ] デパート 백화점
- [ ] テレビ 텔레비전
- [ ] ドア 문
- [ ] トイレ 화장실

(ナ)

- [ ] ナイフ 칼
- [ ] ニュース 뉴스
- [ ] ネクタイ 넥타이
- [ ] ノート 노트

(ハ)

- [ ] パーティー 파티
- [ ] バス 버스
- [ ] バター 버터
- [ ] パン 빵
- [ ] ハンカチ 손수건
- [ ] ビル 빌딩
- [ ] フィルム 필름
- [ ] プール 수영장
- [ ] フォーク 포크
- [ ] プレゼント 선물
- [ ] ページ 페이지
- [ ] ベッド 침대
- [ ] ベル 벨
- [ ] ペン 펜
- [ ] ボールペン 볼펜
- [ ] ポケット 주머니
- [ ] ボタン 단추
- [ ] ホテル 호텔

(マ)

- [ ] マッチ 성냥
- [ ] メートル 미터

(ラ)

- [ ] ラジオ 라디오
- [ ] レコード 레코드
- [ ] レストラン 식당

(ワ)

- [ ] ワイシャツ 와이셔츠

ⓞⓧ 필수 한자와 그 예

□ 間 사이 간 – 時間 시간

□ 見 볼 견 – 見せる 보여주다

□ 高 높을 고 – 高い 높다

□ 校 학교 교 – 学校 학교

□ 九 아홉 구 – 九 숫자 9

□ 国 나라 국 – 国 나라, 고향

□ 金 쇠 금 – お金 돈

□ 今 이제 금 – 今 지금

□ 気 기운 기 – 病気 병

□ 南 남녘 남 – 南 남쪽

□ 男 사내 남 – 男 남자

□ 女 여자 녀 – 女 여자

□ 年 해 년 – 去年 작년

□ 大 클 대 – 大きい 크다

□ 読 읽을 독 – 読む 읽다

□ 東 동녘 동 – 東 동쪽

□ 来 올 래 – 来る 오다

□ 万 일만 만 – 一万 숫자 10,000

□ 毎 매양 매 – 毎日 매일

□ 名 이름 명 – 名前 이름

□ 母 어머니 모 – 母 (자기 쪽) 어머니

□ 木 나무 목 – 木 나무

□ 聞 들을 문 – 新聞 신문

□ 半 반 반 – 半分 반

□ 白 흰 백 – 白い 하얗다

□ 本 근본 본 – 가늘고 긴 것을 세는 단위

□ 父 아버지 부 – 父 (자기 쪽) 아버지

□ 北 북녘 북 – 北 북쪽

□ 分 나눌 분 – 5分 5분

□ 四 넉 사 – 四 숫자 4

□ 山 뫼 산 – 山 산

□ 三 석 삼 – 三 숫자 3

□ 上 윗 상 – 上着 웃옷

□ 生 날 생 – 生まれる 태어나다

□ 書 글 서 – 書く 쓰다

□ 西 서녘 서 – 西 서쪽

□ 先 먼저 선 – 先 앞

□ 小 작을 소 – 小さい 작다

□ 水 물 수 – 水 물

□ 時 때 시 – 何時 몇 시

- [ ] 食 먹을 식 – 食べる 먹다
- [ ] 十 열 십 – 十 숫자 10
- [ ] 語 말씀 어 – 日本語 일본어
- [ ] 五 다섯 오 – 五 숫자 5
- [ ] 外 바깥 외 – 外 밖
- [ ] 右 오른쪽 우 – 右 오른쪽
- [ ] 雨 비 우 – 雨 비
- [ ] 友 벗 우 – 友だち 친구
- [ ] 月 달 월 – 毎月 매월
- [ ] 二 두 이 – 二 숫자 2
- [ ] 人 사람 인 – 日本人 일본인
- [ ] 日 날 일 – 一日 하루
- [ ] 一 한 일 – 一 숫자 1
- [ ] 入 들 입 – 入る 들어가다
- [ ] 円 둥글 원 – 円 일본 화폐 단위
- [ ] 六 여섯 육 – 六 숫자 6
- [ ] 子 아들 자 – 子ども 아이
- [ ] 長 길 장 – 長い 길다
- [ ] 前 앞 전 – 午前 오전

- [ ] 電 번개 전 – 電気 전기
- [ ] 左 왼 좌 – 左 왼쪽
- [ ] 中 가운데 중 – 中 안
- [ ] 車 수레 차 – 車 차
- [ ] 千 일천 천 – 一千 숫자 1000
- [ ] 川 내 천 – 川 강
- [ ] 天 하늘 천 – 天気 날씨
- [ ] 出 날 출 – 出る 나가다
- [ ] 七 일곱 칠 – 七 숫자 7
- [ ] 土 흙 토 – 土よう日 토요일
- [ ] 八 여덟 팔 – 八 숫자 8
- [ ] 下 아래 하 – 下 아래
- [ ] 何 어찌 하 – 何 무엇
- [ ] 学 배울 학 – 学生 학생
- [ ] 行 다닐 행 – 行く 가다
- [ ] 火 불 화 – 火よう日 화요일
- [ ] 話 말씀 화 – 話す 이야기하다
- [ ] 後 뒤 후 – 後 뒤, 후
- [ ] 休 쉴 휴 – 休む 쉬다

09 종류별 한자

분류 항목	해당 한자
수	一 二 三 四 五 六 七 八 九 十 百 千 万
돈	金 円
년·월·일·시간	年 月 日 時 間 分 半 今 毎 午
요일	月 火 水 木 金 土 日
사람	人 子 男 女
학교	学 校 先 生
가족	父 母
위치·방향	上 中 下 外 前 後 左 右 東 西 南 北
날씨	天 気 雨
색	白 青 赤
형용	大 小 高 長
동작	行 来 食 話 見 入 出 聞 読 書 休
그 외	電 車 名 友 川 山 何 本 国 語

10 숫자와 금액

*숫자

いち 一	일(1)
に 二	이(2)
さん 三	삼(3)
し·よん 四	사(4)
ご 五	오(5)
ろく 六	육(6)
しち·なな 七	칠(7)
はち 八	팔(8)
きゅう·く 九	구(9)
じゅう 十	십(10)

*개수

ひと 一つ	한 개
ふた 二つ	두 개
みっ 三つ	세 개
よっ 四つ	네 개
いつ 五つ	다섯 개
むっ 六つ	여섯 개
なな 七つ	일곱 개
やっ 八つ	여덟 개
ここの 九つ	아홉 개
とお 十	열 개

* 금액(백 단위)

ひゃくえん 百円	백 엔
に ひゃくえん 二百円	이백 엔
さんびゃくえん 三百円	삼백 엔
よんひゃくえん 四百円	사백 엔
ご ひゃくえん 五百円	오백 엔
ろっぴゃくえん 六百円	육백 엔
ななひゃくえん 七百円	칠백 엔
はっぴゃくえん 八百円	팔백 엔
きゅうひゃくえん 九百円	구백 엔

* 금액(천 단위)

せんえん 千円	천 엔
に せんえん 二千円	이천 엔
さんぜんえん 三千円	삼천 엔
よんせんえん 四千円	사천 엔
ご せんえん 五千円	오천 엔
ろくせんえん 六千円	육천 엔
ななせんえん 七千円	칠천 엔
はっせんえん 八千円	팔천 엔
きゅうせんえん 九千円	구천 엔

* 금액(만 단위)

いちまんえん 一万円	만 엔
じゅうまんえん 十万円	십만 엔
ひゃくまんえん 百万円	백만 엔
いっせんまんえん 一千万円	천만 엔

* 사람 수

ひとり 一人	한 명
ふたり 二人	두 명
さん にん 三人	세 명
よ にん 四人	네 명
ご にん 五人	다섯 명
ろく にん 六人	여섯 명
しち にん 七人	일곱 명
はち にん 八人	여덟 명
きゅうにん 九人	아홉 명
じゅうにん 十人	열 명

* 월

一月 いちがつ	1월	七月 しちがつ	7월
二月 に がつ	2월	八月 はちがつ	8월
三月 さんがつ	3월	九月 く がつ	9월
四月 し がつ	4월	十月 じゅうがつ	10월
五月 ご がつ	5월	十一月 じゅういちがつ	11월
六月 ろくがつ	6월	十二月 じゅう に がつ	12월

* 일

一日 ついたち	1일	十一日 じゅういちにち	11일	二十一日 に じゅういちにち	21일
二日 ふつか	2일	十二日 じゅう に にち	12일	二十二日 に じゅう に にち	22일
三日 みっか	3일	十三日 じゅうさんにち	13일	二十三日 に じゅうさんにち	23일
四日 よっか	4일	十四日 じゅう よっか	14일	二十四日 に じゅう よっか	24일
五日 いつか	5일	十五日 じゅう ご にち	15일	二十五日 に じゅう ご にち	25일
六日 むいか	6일	十六日 じゅうろくにち	16일	二十六日 に じゅうろくにち	26일
七日 なのか	7일	十七日 じゅうしちにち	17일	二十七日 に じゅうしちにち	27일
八日 ようか	8일	十八日 じゅうはちにち	18일	二十八日 に じゅうはちにち	28일
九日 ここのか	9일	十九日 じゅう く にち	19일	二十九日 に じゅう く にち	29일
十日 とおか	10일	二十日 はつか	20일	三十日 さんじゅうにち	30일

* 요일

月曜日 げつよう び	월요일
火曜日 か よう び	화요일
水曜日 すいよう び	수요일
木曜日 もくよう び	목요일
金曜日 きんよう び	금요일
土曜日 ど よう び	토요일
日曜日 にちよう び	일요일

*시기

<ruby>一昨々日<rt>さきおととい</rt></ruby>	그끄저께(3일 전)
<ruby>一昨日<rt>おととい・いっさくじつ</rt></ruby>	그저께
<ruby>昨日<rt>きのう・さくじつ</rt></ruby>	어제
<ruby>今日<rt>きょう・こんにち</rt></ruby>	오늘
<ruby>明日<rt>あした・あす・みょうにち</rt></ruby>	내일
<ruby>明後日<rt>あさって・みょうごにち</rt></ruby>	모레
<ruby>明明後日<rt>しあさって</rt></ruby>	글피(3일 후)

*시

<ruby>一時<rt>いちじ</rt></ruby>	1시	<ruby>七時<rt>しちじ</rt></ruby>	7시
<ruby>二時<rt>にじ</rt></ruby>	2시	<ruby>八時<rt>はちじ</rt></ruby>	8시
<ruby>三時<rt>さんじ</rt></ruby>	3시	<ruby>九時<rt>くじ</rt></ruby>	9시
<ruby>四時<rt>よじ</rt></ruby>	4시	<ruby>十時<rt>じゅうじ</rt></ruby>	10시
<ruby>五時<rt>ごじ</rt></ruby>	5시	<ruby>十一時<rt>じゅういちじ</rt></ruby>	11시
<ruby>六時<rt>ろくじ</rt></ruby>	6시	<ruby>十二時<rt>じゅうにじ</rt></ruby>	12시

*분

<ruby>一分<rt>いっぷん</rt></ruby>	1분	<ruby>六分<rt>ろっぷん</rt></ruby>	6분	<ruby>二十分<rt>にじゅっぷん</rt></ruby>	20분
<ruby>二分<rt>にふん</rt></ruby>	2분	<ruby>七分<rt>ななふん</rt></ruby>	7분	<ruby>三十分<rt>さんじゅっぷん</rt></ruby>	30분
<ruby>三分<rt>さんぷん</rt></ruby>	3분	<ruby>八分<rt>はっぷん/はちふん</rt></ruby>	8분	<ruby>四十分<rt>よんじゅっぷん</rt></ruby>	40분
<ruby>四分<rt>よんぷん</rt></ruby>	4분	<ruby>九分<rt>きゅうふん</rt></ruby>	9분	<ruby>五十分<rt>ごじゅっぷん</rt></ruby>	50분
<ruby>五分<rt>ごふん</rt></ruby>	5분	<ruby>十分<rt>じっぷん・じゅっぷん</rt></ruby>	10분	<ruby>六十分<rt>ろくじゅっぷん</rt></ruby>	60분

Part 2
실전 대비 집중 훈련

01 명사

02 동사

03 그 외의 품사

04 もんだい4 대비

01 명사

　일본어에서 명사는 가장 기본적인 품사로, 상당히 양이 많을 뿐만 아니라 명사에 사용되는 한자를 많이 알고 있어야지 문제를 잘 풀 수 있다. 특히 「もんだい1」에서는 장음과 단음의 구분, 탁음의 구분이 중요하며, 「もんだい2」에서는 모든 유형의 비슷한 한자를 각각의 한자가 가지고 있는 부수나 한자의 구성 요소를 보고 구분하는 것이 중요하다.

　　N4를 준비하는 대부분의 학습자들은 어휘력이 아직 부족한 경우가 많으므로, 각 품사별 확인 문제를 통해 어느 정도 기본 실력을 쌓도록 했다. 문자·어휘를 공부하는 것은 문법의 문장 해석과 독해 능력과도 연결되므로 꾸준한 반복 학습이 필요하다.

　　각 문제 유형별 확인 문제는 실제 시험에 출제되는 문항 수와 똑같이 구성하여, 학습자가 문제를 풀면서 실전에서 어느 정도 시간 배분을 해야 하는지를 계산할 수 있도록 했으며, 「もんだい4」 바꿔 말하기의 경우, 문장의 종합적인 이해를 묻는 문제이므로, 제일 마지막에 별도로 구성해 놓았다.

확인문제 01

→ 정답 p.4

1 私の　ゆめは　医者に　なる　ことでした。
　　1　いしゃ　　　　　2　いし　　　　　　3　いもの　　　　　4　いじゃ

2 山田さん　以外は　みんな　大学生です。
　　1　いかい　　　　　2　いそと　　　　　3　いがい　　　　　4　いない

3 夏休みに　田舎に　かえる　つもりです。
　　1　ふるさと　　　　2　こきょう　　　　3　たなか　　　　　4　いなか

4 応接間に　テーブルが　置いて　あった。
　　1　おうせつかん　　2　おうせつま　　　3　おせつかん　　　4　おせつま

5 財布を　忘れて　きて　しまった。
　　1　ざいふ　　　　　2　さいふ　　　　　3　ざいふう　　　　4　さいふう

6 友だちを　誕生日の　パーティーに　招待した。
　　1　しょうたい　　　2　しょたい　　　　3　しょうだい　　　4　しょだい

7 あたまから　血が　出た。
　　1　け　　　　　　　2　さら　　　　　　3　か　　　　　　　4　ち

8 妻も　会社で　仕事を　して　いる。
　　1　おっと　　　　　2　おく　　　　　　3　つま　　　　　　4　さい

9 今年の　4月に　入学した。
　　1　にゅうがく　　　2　にゅがく　　　　3　ゆうがく　　　　4　ゆがく

→ 정답 p.4

1　秋に　なって　葉が　落ちた。
　　1　や　　　　　　　2　み　　　　　　　3　き　　　　　　　4　は

2　昼間に　銀行へ　行く　つもりです。
　　1　ひるかん　　　　2　ひるま　　　　　3　ひるあいだ　　　4　ひるげん

3　現代文学に　きょうみが　ある。
　　1　もんがく　　　　2　もがく　　　　　3　ふんがく　　　　4　ぶんがく

4　この　もりには　いろんな　虫が　すんで　いる。
　　1　むし　　　　　　2　にじ　　　　　　3　とり　　　　　　4　のき

5　この　村には　川と　山が　多い。
　　1　まち　　　　　　2　むら　　　　　　3　とし　　　　　　4　かわ

6　川に　石を　なげて　遊んだ。
　　1　いわ　　　　　　2　いし　　　　　　3　いけ　　　　　　4　いみ

7　子ども服の　売り場は　何階ですか。
　　1　かりば　　　　　2　かりじょう　　　3　うりば　　　　　4　うりじょう

8　コンサート会場には　人が　いっぱいだった。
　　1　かいじょう　　　2　かいば　　　　　3　がいじょう　　　4　がいば

9　冬は　火事が　おきやすい。
　　1　かさい　　　　　2　がさい　　　　　3　かじ　　　　　　4　がじ

→ 정답 p.4

1 あの　二人は　どんな　関係ですか。
　1　かんげい　　　　2　かんけい　　　　3　がんげい　　　　4　がんけい

2 この　機会を　のがしては　いけない。
　1　きかい　　　　　2　ぎかい　　　　　3　きがい　　　　　4　ぎがい

3 新宿まで　急行で　行った。
　1　きゅこ　　　　　2　きゅうこ　　　　3　きゅこう　　　　4　きゅうこう

4 首の　ほうに　きずが　あった。
　1　くび　　　　　　2　うで　　　　　　3　むね　　　　　　4　ひげ

5 大学では　経済に　ついて　勉強する　つもりだ。
　1　けいさい　　　　2　けいぜい　　　　3　けいざい　　　　4　けいせい

6 この　国は　自動車　工業が　さかんに　なって　いる。
　1　こぎょう　　　　2　こきょう　　　　3　こうぎょう　　　　4　こうきょう

7 米が　ないと　人間は　生きられない。
　1　むぎ　　　　　　2　かみ　　　　　　3　そら　　　　　　4　こめ

8 野球の　試合を　見に　出かけた。
　1　しごう　　　　　2　しあい　　　　　3　しがく　　　　　4　しかく

9 事務所で　昼ごはんを　食べた。
　1　じむしょ　　　　2　じむしょう　　　　3　じむうしょ　　　　4　じむうしょう

→ 정답 p.5

1 この　ばんぐみは　子どもが　見ては　いけない。
1　番祖　　　　　2　番粗　　　　　3　番組　　　　　4　番朝

2 ひきだしの　中に　大事な　書類が　あった。
1　引き出し　　　2　押き出し　　　3　弾き出し　　　4　例き出し

3 休みの　日には　ふつう　何を　しますか。
1　普統　　　　　2　昔統　　　　　3　昔通　　　　　4　普通

4 ラジオから　じしんの　ほうそうが　ながれて　きた。
1　防送　　　　　2　妨送　　　　　3　放送　　　　　4　肪送

5 私の　会社は　外国と　ぼうえきを　して　います。
1　賢易　　　　　2　貿易　　　　　3　覧易　　　　　4　覚易

6 空の　ほしを　見るのが　しゅみです。
1　星　　　　　　2　里　　　　　　3　暮　　　　　　4　慕

→ 정답 p.5

1　みずうみに　たくさんの　とりが　いた。
　　1　水海　　　　　2　湖　　　　　3　池　　　　　4　島

2　むかしに　くらべて　町が　だいぶ　かわった。
　　1　昔　　　　　2　惜　　　　　3　情　　　　　4　歴

3　君との　やくそくを　忘れて　いた。
　　1　約結　　　　　2　約頼　　　　　3　約束　　　　　4　約速

4　私は　中国に　いる　あいだ、いろんな　人に　会った。
　　1　聞　　　　　2　問　　　　　3　間　　　　　4　関

5　もう　ちょっと　ふとい　いとは　ありませんか。
　　1　糸　　　　　2　借　　　　　3　係　　　　　4　続

6　うけつけに　どうして　だれも　いませんか。
　　1　授付　　　　　2　解付　　　　　3　掛付　　　　　4　受付

→ 정답 p.6

1 バスの　うんてんしゅは　女性だった。
1　運転手　　　　　2　運伝手　　　　　3　連転手　　　　　4　連伝手

2 木の　えだは　おれて　いた。
1　技　　　　　　　2　支　　　　　　　3　枝　　　　　　　4　誌

3 おくじょうから　よぞらを　ながめた。
1　野上　　　　　　2　屋上　　　　　　3　奥上　　　　　　4　室上

4 かいぎには　社長も　参加します。
1　会議　　　　　　2　会義　　　　　　3　会犠　　　　　　4　会儀

5 かいがんに　たくさんの　船が　あった。
1　海汗　　　　　　2　海岸　　　　　　3　海干　　　　　　4　海午

6 さいきんは　ぜんぜん　きせつを　感じられない。
1　季説　　　　　　2　季切　　　　　　3　季節　　　　　　4　季接

③ もんだい3 문맥 규정

→ 정답 p.6

1 まいにち　（　　　　　）しないと　じゅぎょうに　ついて　いけない。
1　しけん　　　　　2　ふくしゅう　　　　3　せんもん　　　　4　きょういく

2 19さい　（　　　　　）の　方は　この　ばんぐみが　みられません。
1　いか　　　　　　2　いし　　　　　　　3　いぜん　　　　　4　いけん

3 あしたごろ　（　　　　　）が　上がって　来るので　ちゅういして　ください。
1　じしん　　　　　2　かじ　　　　　　　3　たいふう　　　　4　みずうみ

4 わからない　ことが　あったら　（　　　　　）で　たずねて　ください。
1　けんきゅうしつ　2　おうせつま　　　　3　おくじょう　　　4　うけつけ

5 この　くには　アメリカへ　カメラを　（　　　　　）して　います。
1　じゅうしょ　　　2　ゆしゅつ　　　　　3　せいさん　　　　4　ぼうえき

6 彼の　びょうきは　りょうしんを　ひどく　（　　　　　）させた。
1　しょうたい　　　2　しんぱい　　　　　3　じゅんび　　　　4　しょうかい

7 かちょうの　（　　　　　）で　その　こうじょうを　みて　まわった。
1　うんどう　　　　2　あんない　　　　　3　けんぶつ　　　　4　よてい

8 （　　　　　）に　その　話が　ほんとうだと　わかった。
1　さいご　　　　　2　さいきん　　　　　3　さっき　　　　　4　さいてい

9 こんしゅうの　つぎつぎは　（　　　　　）です。
1　さらいしゅう　　2　せんしゅう　　　　3　さいらいしゅう　4　らいしゅう

10 かれは　たんじょうびの　おくりものに　カメラを　くれると　（　　　　　）した。
1　よやく　　　　　2　よしゅう　　　　　3　よほう　　　　　4　やくそく

→ 정답 p.7

1 この　にもつは　わたしの　（　　　　）では　もてません。
1　とこや　　　　　2　げんき　　　　　3　ちから　　　　　4　つくえ

2 その　じこの　（　　　　）を　しらべましたが、　わかりませんでした。
1　げんいん　　　　2　あいさつ　　　　3　ばあい　　　　　4　りゆう

3 （　　　　）を　出して　ほんを　よんだ　ほうが　おぼえやすいです。
1　みみ　　　　　　2　おと　　　　　　3　くち　　　　　　4　こえ

4 なくなった　ちちに　あう　（　　　　）を　みた。
1　ゆめ　　　　　　2　うそ　　　　　　3　かがみ　　　　　4　はなし

5 こんな　（　　　　）は　はじめてだったので　よるも　ねられなかった。
1　はんたい　　　　2　けいけん　　　　3　かんたん　　　　4　ゆにゅう

6 きかいが　（　　　　）して　ぜんぜん　うごかない。
1　しっぱい　　　　2　うんどう　　　　3　こしょう　　　　4　せつめい

7 （　　　　）の　ほんが　ほんだなに　ありました。
1　にさつ　　　　　2　にほん　　　　　3　にまい　　　　　4　にだい

8 （　　　　）は　いえで　こどもの　さくぶんの　しゅくだいを　てつだいました。
1　かびん　　　　　2　かぎ　　　　　　3　かいだん　　　　4　かない

9 いそがしくて　かのじょに　あう　（　　　　）が　ありません。
1　じかん　　　　　2　ぼうし　　　　　3　てがみ　　　　　4　じしょ

10 せんせい、　わからない　もんだいが　ありますが、　（　　　　）しても
いいですか。
1　しつもん　　　　2　れんしゅう　　　　3　じゅぎょう　　　　4　べんきょう

→ 정답 p.7

1 山田さん（　　　　　　）は　おきなわへ　りょこうに　いきました。
   1　かぞく　　　　　　　2　いっか　　　　　　　3　みんな　　　　　　　4　おたく

2 （　　　　　　　）が　うまれて　みんな　よろこんだ。
   1　だんせい　　　　　　2　あかちゃん　　　　　3　そぼ　　　　　　　　4　おじさん

3 母は　小学校の　（　　　　　　）です。
   1　けいかん　　　　　　2　すり　　　　　　　　3　とこや　　　　　　　4　せんせい

4 ぎんこうで　はたらいて　いる　人は　（　　　　　　）です。
   1　かいしゃいん　　　　2　こうむいん　　　　　3　かんごふ　　　　　　4　こうちょう

5 タクシーの　（　　　　　　）は　道を　よく　知って　います。
   1　てんいん　　　　　　2　アルバイト　　　　　3　うんてんしゅ　　　　4　おとうと

6 お正月に　日本人は　だいたい　（　　　　　　）を　着ます。
   1　したぎ　　　　　　　2　きもの　　　　　　　3　ゆびわ　　　　　　　4　てぶくろ

7 きんじょでの　かいものは　（　　　　　　）を　はいて　いきます。
   1　オーバー　　　　　　2　リング　　　　　　　3　スタンド　　　　　　4　サンダル

8 京都には　古い　（　　　　　　）が　たくさん　あります。
   1　ほし　　　　　　　　2　てら　　　　　　　　3　そら　　　　　　　　4　おみあい

9 てんらんかいの　（　　　　　　）は　この　ビルの　5かいに　あります。
   1　おくじょう　　　　　2　かいじょう　　　　　3　こうじょう　　　　　4　おうせつま

10 祖母が　（　　　　　　）から　ミカンを　おくって　くれました。
   1　いなか　　　　　　　2　こうがい　　　　　　3　きんじょ　　　　　　4　うけつけ

⑤ もんだい5 용법

1 るす

1 <u>るす</u>に　して　家で、　べんきょうしました。

2 せんしゅう、友だちと　アメリカへ　<u>るす</u>しました。

3 山田さんは　<u>るす</u>の　あいだに　何を　しますか。

4 先生の　家に　ほうもんしましたが、　<u>るす</u>でした。

2 はいけん

1 おっしゃる　ことは　よく　<u>はいけん</u>しました。

2 先生の　かいた　本は　もう　<u>はいけん</u>しました。

3 そこに　ある　テレビを　ちょっと　<u>はいけん</u>して　ください。

4 ぶちょうは　いま　せきを　<u>はいけん</u>して　います。

3 レジ

1 きっさてんで　<u>レジ</u>と　いっしょに　コーヒーを　のみました。

2 先生の　<u>レジ</u>は　つくえの　上に　あります。

3 <u>レジ</u>の　前に　たくさんの　人が　ならんで　いました。

4 <u>レジ</u>を　ちゅうもんして　みんなで　たべました。

4 したく

1 これを　<u>したく</u>に　のばして　ください。

2 きょうは　これで　<u>したく</u>いたします。

3 なにか　<u>したく</u>が　あったら　お話しください。

4 お母さんは　しょくじの　<u>したく</u>で　とても　いそがしいです。

5 パソコン

1 車は　<u>パソコン</u>で　ガソリンを　いれます。

2 これは　人の　<u>パソコン</u>の　もんだいです。

3 なみだが　出て　<u>パソコン</u>で　ふいた。

4 今は　ほとんどの　家に　<u>パソコン</u>が　あります。

→ 정답 p.9

1　わりあい

1　この　会社は　じょせいの　わりあいが　たかいですね。

2　ふくおかは　ほかの　としに　くらべて　ものが　わりあい　やすいです。

3　サチコさんの　お母さんが　わりあい　わかくて　びっくりした。

4　この　しごとは　わりあい　わたしに　やらせて　ください。

2　ほんやく

1　友だちが　スミスさんの　話を　ほんやくした。

2　ほんやくで　かぜぐすりを　買いました。

3　池田さんに　ほんやくして　お金を　かりた。

4　えいごの　ほんやくを　して　せいかつして　います。

3　スクリーン

1　先生は　しけんの　かわりに　スクリーンを　出しました。

2　かのじょと　いっしょに　こんどの　しゅうまつに　スクリーンする　つもりだ。

3　テレビの　スクリーンが　こわれて　しゅうりに　出した。

4　えいがを　見に　行ったが　スクリーンが　小さくて　よく　見えなかった。

4　えんりょ

1　ここでは　タバコは　えんりょして　ください。

2　みんなが　いる　ところで　さわいでは　えんりょです。

3　これからも　よろしく　えんりょします。

4　よる　おそく　ピアノを　ひくのは　ほかの　人に　えんりょです。

5　わけ

1　おそく　なった　わけを　きいても　こたえて　くれなかった。

2　きょう、　こんなに　ふって　いるから　あしたも　ゆきが　ふるわけだ。

3　人には　いつも　まじめに　言うわけだ。

4　山田さんは　いつも　わけばかり　言って　いる。

→ 정답 p.9

1 ようじ

1 みんなと　いっしょに　行きますので　ようじしないで　ください。
2 あしたの　あつまりの　ために　いろいろな　ものを　ようじしました。
3 おかあさんは　しょくじの　ようじで　とても　いそがしい。
4 なにか　ようじが　あったら　この　ベールを　おして　ください。

2 おみあい

1 日本は　たくさんの　おみあいが　あります。
2 きのう、せんぱいの　しょうかいで　おみあいを　した。
3 病気に　なった　ともだちの　おみあいに　行きました。
4 いろいろ　お世話に　なって　おみあいを　した。

3 マッチ

1 この　マッチは　とても　しずかですね。
2 かのじょは　いつも　マッチを　はいて　いる。
3 たばこを　すう　ために　マッチを　かりた。
4 おとうとは　マッチの　上で　ねて　いた。

4 つかまえる

1 けいかんは　その　どろぼうを　つかまえた。
2 テーブルの　上の　しょうゆを　つかまえて　ください。
3 パーティーの　ため、みんな　つかまえた。
4 コップが　つかまえて　かたづけた。

5 とっきゅう

1 さかなの　やける　いい　とっきゅうが　します。
2 あの　スーパーには　とっきゅうが　たくさん　あります。
3 こんど　乗る　電車は　とっきゅうです。
4 とっきゅうを　すてる　日は　金よう日です。

02 동사

동사는 언어 지식 파트에서 거의 50% 이상을 차지하는 중요한 품사로, 내용을 파악하는 데 있어서 중요한 역할을 한다. 「もんだい1」의 한자 읽기 문제뿐만 아니라, 「もんだい2」의 한자 표기 문제, 「もんだい3」의 문맥 규정 문제에서도 상당히 비중이 크므로, 인내심을 가지고 학습하도록 하자. 더 높은 수준의 일본어를 구사하기 위해서도 동사는 반드시 익혀야 하는 부분이다.

→ 정답 p.10

1 いつも　あさはやく　<u>起きる</u>が、今日は　ねぼうした。
　　1　いきる　　　　　2　あきる　　　　　3　おきる　　　　　4　しきる

2 先生の　しつもんに　<u>答える</u>　せいとは　だれも　いなかった。
　　1　かまえる　　　　2　そなえる　　　　3　そびえる　　　　4　こたえる

3 かれらは　もりの　なかを　3キロ　<u>進んだ</u>。
　　1　すすんだ　　　　2　えらんだ　　　　3　はこんだ　　　　4　かんだ

4 子供たちを　<u>集めて</u>　やきゅうを　しよう。
　　1　はじめて　　　　2　あつめて　　　　3　しめて　　　　　4　つとめて

5 仕事が　おわって　すぐ　<u>帰った</u>。
　　1　こえった　　　　2　ごえった　　　　3　かえった　　　　4　がえった

6 電話を　<u>お借り</u>しても　よろしいでしょうか。
　　1　きり　　　　　　2　かり　　　　　　3　すり　　　　　　4　とり

7 この　ビルが　<u>建てられた</u>のは　今から　10年前です。
　　1　たてられた　　　2　かてられた　　　3　すてられた　　　4　もてられた

8 今日から　おかしの　みせを　<u>開く</u>　つもりです。
　　1　あく　　　　　　2　きく　　　　　　3　かく　　　　　　4　ひらく

9 口に　<u>合うか</u>　どうか　わかりませんが、たくさん　たべて　ください。
　　1　いう　　　　　　2　あう　　　　　　3　すう　　　　　　4　かう

→ 정답 p.11

1 日本では　車は　ひだりを　<u>通る</u>。
　　1　かよる　　　　　　2　まわる　　　　　　3　とおる　　　　　　4　まがる

2 あには　自転車の　こうじょうで　<u>働いて</u>　いる。
　　1　うごいて　　　　　2　はたらいて　　　　3　たたいて　　　　　4　ささやいて

3 どこかで　さかなを　<u>焼いて</u>　いる。
　　1　やいて　　　　　　2　といて　　　　　　3　かいて　　　　　　4　すいて

4 くうこうに　お客さんを　<u>迎えに</u>　いった。
　　1　さかえに　　　　　2　となえに　　　　　3　はえに　　　　　　4　むかえに

5 はじめて　行く　ところだったので　同じ　ところを　<u>回って</u>　いた。
　　1　とおって　　　　　2　さわって　　　　　3　まわって　　　　　4　まがって

6 せんしゅう　会社の　近くに　<u>引っ越して</u>　きた。
　　1　ひっこして　　　　2　ひっさして　　　　3　ひっおして　　　　4　ひっかして

7 時間が　たって　コーヒーが　<u>冷えて</u>　しまった。
　　1　かえて　　　　　　2　もえて　　　　　　3　さえて　　　　　　4　ひえて

8 にもつを　<u>運んで</u>　いる　人が　おとうとです。
　　1　たたんで　　　　　2　はこんで　　　　　3　まなんで　　　　　4　ころんで

9 <u>残って</u>　いるのは　これしか　ない。
　　1　とまって　　　　　2　おくって　　　　　3　のこって　　　　　4　はらって

➡ 정답 p.11

1 昨日、さいふを 盗まれた。
　1 たのまれた　　　2 このまれた　　　3 たたまれた　　　4 ぬすまれた

2 時計の アラームが 鳴って いる。
　1 とって　　　2 ちって　　　3 なって　　　4 さって

3 こわれた ビデオを 直した。
　1 なくした　　　2 なおした　　　3 たおした　　　4 おとした

4 今日は ここで 泊まろう。
　1 とまろう　　　2 しまろう　　　3 たまろう　　　4 あまろう

5 きれいに 包んで ください。
　1 ころんで　　　2 たのんで　　　3 いたんで　　　4 つつんで

6 量は これで 足りる。
　1 かりる　　　2 たりる　　　3 おりる　　　4 こりる

7 いきなり 高校の 友だちが 訪ねて きた。
　1 たずねて　　　2 たばねて　　　3 まねて　　　4 こねて

8 ここに ある ものは 捨てないで ください。
　1 たてないで　　　2 もてないで　　　3 すてないで　　　4 あてないで

9 先生は せいとが 出した 資料を 調べた。
　1 くらべた　　　2 まなべた　　　3 とべた　　　4 しらべた

→ 정답 p.12

1　しけんは　すぐ　<u>おわる</u>から　もう　ちょっと　まって　ください。
　　1　絡わる　　　　　2　終わる　　　　　3　緩わる　　　　　4　結わる

2　この　こうじょうでは　じてんしゃを　<u>つくって</u>　います。
　　1　昨って　　　　　2　促って　　　　　3　作って　　　　　4　炸って

3　かれに　5万円　<u>かして</u>　くれないか　たのんで　みよう。
　　1　貸して　　　　　2　借して　　　　　3　賃して　　　　　4　代して

4　せいとが　すくなくて　じゅぎょうが　なくなった　ことを　いま　<u>しった</u>。
　　1　志った　　　　　2　知った　　　　　3　和った　　　　　4　利った

5　まもなく　電車が　<u>まいります</u>。気を　つけて　ください。
　　1　参いります　　　2　惨いります　　　3　来いります　　　4　珍いります

6　すうがくの　けいさんが　<u>まちがった</u>。
　　1　間偉った　　　　2　間緯った　　　　4　間衛った　　　　4　間違った

→ 정답 p.12

1 その　とけいは　かべに　<u>かけて</u>　ください。
　　1　赴けて　　　　　　2　係けて　　　　　　3　衝けて　　　　　4　掛けて

2 その　しらせを　きいて　<u>おどろいた</u>。
　　1　警いた　　　　　　2　驚いた　　　　　　3　響いた　　　　　4　経いた

3 この　学校に　<u>かよった</u>　ことが　ある。
　　1　過った　　　　　　2　踊った　　　　　　3　通った　　　　　4　辺った

4 じかんが　あったら　<u>てつだって</u>　ください。
　　1　手伝って　　　　　2　手典って　　　　　3　手転って　　　　4　手立って

5 かった　ときから　こわれて　いたので　<u>とりかえて</u>　ください。
　　1　取り買えて　　　　2　取り飼えて　　　　3　取り替えて　　　4　取り帰えて

6 あなたの　ごうがくを　<u>おいのりします</u>。
　　1　お祈り　　　　　　2　お祈り　　　　　　3　お折り　　　　　4　お近り

→ 정답 p.12

1　子どもを　<u>つれて</u>　公園へ　行った。
　　1　連れて　　　　　2　運れて　　　　　3　垂れて　　　　　4　睡れて

2　はじめまして。　山田と　<u>もうします</u>。
　　1　請します　　　　2　伸します　　　　3　坤します　　　　4　申します

3　今　出発しても　<u>まにあわない</u>。
　　1　問に合わない　　　　　　　　　2　問に会わない
　　3　間に会わない　　　　　　　　　4　間に合わない

4　しあいに　<u>かった</u>のは　だれですか。
　　1　巻った　　　　　2　腕った　　　　　3　勝った　　　　　4　圏った

5　みんな　<u>あつまって</u>　えいがに　行く　ことに　した。
　　1　焦まって　　　　2　募まって　　　　3　進まって　　　　4　集まって

6　あなたが　<u>おこる</u>　りゆうは　何ですか。
　　1　努る　　　　　　2　怒る　　　　　　3　志る　　　　　　4　怠る

확인문제 01

→ 정답 p.13

1 お父さんは　こどもを　（　　　　　　）　海へ　つりに　いった。
　　1　つつんで　　　　　　2　つれて　　　　　　3　つって　　　　　　4　つけて

2 おゆを　（　　　　　　）　お茶を　飲めば　すこしは　よく　なります。
　　1　わかれて　　　　　　2　われて　　　　　　3　わらって　　　　　　4　わかして

3 ひろった　金を　こうばんに　（　　　　　　）。
　　1　とどけた　　　　　　2　とりかえた　　　　　3　とおった　　　　　4　とめた

4 この　2か月間で　3キロも　（　　　　　　）。
　　1　やめた　　　　　　　2　やいた　　　　　　3　やせた　　　　　　4　やんだ

5 雨で　ふくが　（　　　　　　）　しまった。
　　1　ぬって　　　　　　　2　ぬすんで　　　　　3　ぬれて　　　　　　4　ねむって

6 けっこんしてから　2度目の　はるを　（　　　　　　）。
　　1　みつけた　　　　　　2　むかえた　　　　　3　むかった　　　　　4　もどった

7 友だちの　足を　（　　　　　　）　しまった。
　　1　ひらいて　　　　　　2　ふとって　　　　　3　ひろって　　　　　4　ふんで

8 わたしは　ともだちと　テニスを　すると　いつも　（　　　　　　）。
　　1　まがる　　　　　　　2　まわる　　　　　　3　まちがえる　　　　4　まける

9 いつも　まいあさ　かおを　（　　　　　　）。
　　1　あらいます　　　　　2　あるきます　　　　3　あびます　　　　　4　あそびます

10 この　じしょを　せんぱいに　（　　　　　　）　ください。
　　1　かえって　　　　　　2　わすれて　　　　　3　みがいて　　　　　4　わたして

➜ 정답 p.13

1　木の　うえで　ちいさい　小鳥が　（　　　　）　いました。
　　1　きえて　　　　　　　2　さいて　　　　　　3　しめて　　　　　4　ないて

2　みぎの　ほうに　（　　　　　）　いくと　とうきょうえきが　あります。
　　1　まがって　　　　　2　つたえて　　　　　3　はって　　　　　4　ついて

3　うんてんと　じてんしゃは　いちど　（　　　　）ら　いっしょう　わすれない
　そうです。
　　1　ならった　　　　　2　はいった　　　　　3　はたらいた　　　4　つとめた

4　ギターを　（　　　　）　いる　ひとが　こうこうの　ともだちです。
　　1　すわって　　　　　2　たのんで　　　　　3　はしって　　　　4　ひいて

5　ゴミを　ここに　（　　　　）　いけまんせんよ。
　　1　たてては　　　　　2　すてては　　　　　3　もっては　　　　4　かけては

6　いま　しゅっぱつしても　時間に　（　　　　）そうも　ない。
　　1　のり　　　　　　　2　おり　　　　　　　3　まにあい　　　　4　おくれ

7　てんきが　わるくて　セーターが　ぜんぜん　（　　　　）　なかった。
　　1　かわって　　　　　2　かよって　　　　　3　かわいて　　　　4　かたづけて

8　けさは　ひじょうに　（　　　　）　いた。
　　1　はこんで　　　　　2　ひえて　　　　　　3　はらって　　　　4　ほめて

9　せんせい、　あした　午前中に　（　　　　）　よろしいでしょうか。
　　1　たおれても　　　　2　たりても　　　　　3　たのしんでも　　4　たずねても

10　ズボンに　ついた　（　　　　）が　ぜんぜん　おちない。
　　1　ゆれ　　　　　　　2　よごれ　　　　　　3　よろこび　　　　4　より

→ 정답 p.14

1 ショッピングした　ものを　てんいんが　（　　　　　）　くれました。
1　とどけて　　　　　2　のりかえて　　　　3　とおって　　　　4　とめて

2 せんしゅうから　ふった　あめが　やっと　（　　　　　）。
1　やめた　　　　　2　やいた　　　　　3　やせた　　　　4　やんだ

3 せんせいの　目を　（　　　　　）　カンニングした。
1　ぬって　　　　　2　ぬすんで　　　　3　ぬれて　　　　4　ねむって

4 でかけた　むすこが　いつ　（　　　　　）か　よく　わかりません。
1　みつける　　　　2　むかえる　　　　3　むかう　　　　4　もどる

5 きょうは　さむいから　ぼうしを　（　　　　　）　行きなさい。
1　うまれて　　　　2　おぼえて　　　　3　かぶって　　　　4　くもって

6 あついと　思って　いたら　まどが　（　　　　　）　ありました。
1　けして　　　　　2　しめて　　　　　3　さして　　　　4　ぬいで

7 じしんで　大きな　木が　（　　　　　）。
1　たずねた　　　　2　たおれた　　　　3　そだてた　　　　4　とどけた

8 一つ　（　　　　　）と　たいへんな　ことが　おきますよ。
1　とりかえる　　　2　むかえる　　　　3　のりかえる　　　　4　まちがえる

9 かべを　しろい　いろで　（　　　　　）。
1　もどりました　　2　のこりました　　3　ひかりました　　　4　ぬりました

10 たべものは　よく　（　　　　　）　たべましょう。
1　とめて　　　　　2　こわして　　　　3　つつんで　　　　4　かんで

→ 정답 p.15

확인문제 01

1 みつける

1 みんなで　いっしょうけんめい　みつけたが、　ありませんでした。
2 お金が　なくて　ぎんこうに　行って　みつけました。
3 あした　ごぜんちゅうの　ひこうきの　よやくを　みつけて　ください。
4 なくした　さいふを　おとうとの　へやで　みつけました。

2 とどける

1 道で　ひろった　さいふを　けいさつに　とどけた。
2 大きい　はしを　とどけると　ぎんこうが　あります。
3 みせで　てんいんに　一万円を　とどけた。
4 こわれた　テレビを　山田さんに　とどけて　もらった。

3 つかまえる

1 友だちと　つかまえて　うみに　行った。
2 けいさつは　どろぼうを　つかまえた。
3 みんな　はしを　つかまえて　食べはじめた。
4 しけんを　うける　日を　つかまえた。

4 ふえる

1 あめが　たくさん　ふって　川の　水が　ふえた。
2 おとうとは　なつやすみに　すごく　せが　ふえた。
3 いくら　べんきょうしても　せいせきが　ふえない。
4 アメリカへ　りゅうがくして　えいごが　ふえた。

5 ゆれる

1 きのうから　あたまが　ゆれて　くすりを　のみました。
2 おなかが　ゆれて　なにも　食べたくないです。
3 あにが　わたしの　ほうに　むけて　ボールを　ゆれました。
4 じしんが　おきて　ビルが　すごく　ゆれました。

→ 정답 p.16

1 かむ

1 ゆれると　あぶないですから　これを　<u>かんで</u>　ください。

2 むしに　<u>かまれて</u>　とても　いたいです。

3 子どもの　とき、いぬに　<u>かまれた</u>　ことが　あります。

4 タバコを　<u>かんで</u>　いる　方が　せんぱいです。

2 あつめる

1 お金を　<u>あつめて</u>　りょこうに　行く　つもりです。

2 友だちに　わたしの　かばんを　<u>あつめた</u>。

3 ストレスを　<u>あつめて</u>　とても　あたまが　いたい。

4 外国の　お金を　<u>あつめるのが</u>　しゅみです。

3 うつる

1 この　いっしゅうかん　休まずに　<u>うつった</u>。

2 子どもの　かわいい　かおを　<u>うつりました</u>。

3 この　ボタンを　おすと　きかいが　<u>うつります</u>。

4 会社が　とうきょうの　ほうに　<u>うつった</u>。

4 おもいだす

1 かれの　かおを　ぜんぜん　<u>おもいだす</u>　ことが　できません。

2 しゃしんを　<u>おもいだすので</u>　わらって　ください。

3 わたしは　タイプを　<u>おもいだす</u>　ことが　できます。

4 ゴミを　<u>おもいだす</u>　日は　きまって　います。

5 たりる

1 みんなに　わるい　ニュースを　<u>たりるのは</u>　ほんとうに　いやです。

2 高そうな　ものなので　お金が　<u>たりるか</u>　しんぱいです。

3 ビルの　おくじょうに　<u>たりると</u>　けしきが　きれいでした。

4 家の　前に　スーパーが　<u>たりて</u>　べんりに　なった。

→ 정답 p.16

1 うえる

  1 へやを　そうじして　お客さんを　<u>うえた</u>。

  2 車は　ガソリンで　<u>うえる</u>。

  3 新宿で　電車を　<u>うえます</u>。

  4 にわに　きれいな　バラを　<u>うえた</u>。

2 とおる

  1 学校へ　行く　ときは　おてらの　前を　<u>とおる</u>。

  2 こんど　いもうとが　だいがくを　<u>とおる</u>。

  3 ふゆに　なると　木から　はが　<u>とおる</u>。

  4 お金を　<u>とおって</u>　テレビを　買った。

3 つたえる

  1 かいしゃから　ちかい　アパートを　<u>つたえて</u>　いる。

  2 おゆを　<u>つたえて</u>　お茶を　のみましょう。

  3 この　メモを　ぶちょうに　<u>つたえて</u>　ください。

  4 みせの　前に　自転車を　<u>つたえては</u>　いけません。

4 こわす

  1 ことりが　木から　<u>こわして</u>　きました。

  2 みなさんに　しんぱいを　<u>こわして</u>　すみませんでした。

  3 プレゼントなので　きれいに　<u>こわして</u>　ください。

  4 だいじな　カメラを　<u>こわして</u>　しまった。

5 つれる

  1 道を　<u>つれて</u>　へんな　ところに　来て　しまった。

  2 毎朝、いぬを　<u>つれて</u>　さんぽします。

  3 ぶたにくを　<u>つれたので</u>　いっしょに　食べましょう。

  4 <u>つれた</u>　にもつは　つきましたか。

03 그 외의 품사

명사, 동사를 제외한 い형용사, な형용사, 부사 등으로, N4에서 출제되는 양은 한정되어 있다. 특히 이들 품사들은「もんだい3」과「もんだい5」에서 자주 출제되므로, 본 교재의 확인 문제에 나오는 것들은 반드시 암기하도록 하자.

→ 정답 p.17

1 　かなり　<u>広い</u>　庭だったので　おどろきました。
　　1　ひろい　　　　　2　せまい　　　　　3　ほそい　　　　　4　まるい

2 　こどもは　いつもより　2時間　<u>はやく</u>　帰って　きた。
　　1　遅く　　　　　　2　束く　　　　　　3　速く　　　　　　4　早く

3 　<u>特に</u>　はるの　京都が　好きです。
　　1　ことに　　　　　2　どくに　　　　　3　べつに　　　　　4　とくに

4 　この　町は　とても　<u>安全</u>ですね。
　　1　あんせん　　　　2　かんぜん　　　　3　あんぜん　　　　4　かんせん

5 　先生、もう　<u>一度</u>　説明して　ください。
　　1　いっと　　　　　2　いちど　　　　　3　いちと　　　　　4　いっど

6 　あんなに　<u>美しい</u>　けしきは　はじめて　見た。
　　1　したしい　　　　2　はずかしい　　　3　うつくしい　　　4　あたらしい

7 　明日の　かいぎには　<u>必ず</u>　来て　ください。
　　1　かならず　　　　2　まず　　　　　　3　とりあえず　　　4　かわらず

8 　そんなに　<u>簡単</u>な　問題では　ない。
　　1　がんだん　　　　2　がんたん　　　　3　かんだん　　　　4　かんたん

9 　父は　<u>厳しい</u>　かおを　して　いた。
　　1　きびしい　　　　2　かなしい　　　　3　うれしい　　　　4　さびしい

→ 정답 p.17

1 急に　ことりが　とんで　きた。
　　1　ぎゅうに　　　　　2　ぎゅに　　　　　3　きゅに　　　　　4　きゅうに

2 これは　決して　私が　やった　ことでは　ありません。
　　1　けっして　　　　　2　きめして　　　　3　きまして　　　　4　けして

3 きのう、怖い　ゆめを　見た。
　　1　あらい　　　　　　2　うまい　　　　　3　こわい　　　　　4　まずい

4 また　今度　あいましょう。
　　1　こんど　　　　　　2　きょうど　　　　3　こんかい　　　　4　いまど

5 最後の　じゅぎょうを　うけました。
　　1　さいこう　　　　　2　さいこ　　　　　3　さいごう　　　　4　さいご

6 この　国は　じどうしゃ　さんぎょうが　盛んに　なって　いる。
　　1　さかんに　　　　　2　せいんに　　　　3　しょうんに　　　4　もらんに

7 しけんに　おちたんですか。残念ですね。
　　1　さんねん　　　　　2　ざんねん　　　　3　かんねん　　　　4　がんねん

8 ここに　ある　本は　自由に　とって　ください。
　　1　じゆに　　　　　　2　じゆうに　　　　3　しゆに　　　　　4　しゆうに

9 十分に　食べたので　えんりょします。
　　1　じゅうぷんに　　　2　じゅぷんに　　　3　じゅうぶんに　　4　じぶんに

② もんだい2 한자 표기

→ 정답 p.18

1 <u>とくべつに</u>　あなただけに　言うから　ほかの　人に　言わないで　ください。
   1　持別　　　　　　2　特別　　　　　　3　持刈　　　　　　4　特刈

2 この　すうがくの　問題は　<u>ぜんぜん</u>　わかりません。
   1　全燃　　　　　　2　燃全　　　　　　3　然全　　　　　　4　全然

3 <u>たとえば</u>、　かれが　せんせいだと　しましょう。
   1　例えば　　　　　2　列えば　　　　　3　刑えば　　　　　4　刈えば

4 <u>ひじょうに</u>　高いもの　ばかりですね。
   1　悲常に　　　　　2　非定に　　　　　3　非常に　　　　　4　非定に

5 この　かわは　とても　<u>ふかい</u>。
   1　探い　　　　　　2　深い　　　　　　3　沈い　　　　　　4　没い

6 あの　二人は　<u>ふくざつな</u>　かんけいです。
   1　腹雑　　　　　　2　復雑　　　　　　3　服雑　　　　　　4　複雑

→ 정답 p.18

1　ふべんな　ところが　あったら　いつでも　言って　ください。
　　1　無便　　　　　　2　無更　　　　　　3　不便　　　　　　4　不更

2　まどの　外で　へんな　おとが　聞こえた。
　　1　恋な　　　　　　2　怒な　　　　　　3　変な　　　　　　4　努な

3　まんなかの　テーブルが　私のです。
　　1　慎ん仲　　　　　2　真ん仲　　　　　3　慎ん中　　　　　4　真ん中

4　ほんとうに　めずらしい　じけんが　おきた。
　　1　珍しい　　　　　2　診しい　　　　　3　彦しい　　　　　4　諺しい

5　きいろい　さいふが　私のです。
　　1　横色い　　　　　2　黄色い　　　　　3　横巴い　　　　　4　黄巴い

6　ここから　会社までは　とおいです。
　　1　園い　　　　　　2　遠い　　　　　　3　援い　　　　　　4　媛い

③ もんだい3 문맥 규정

확인문제 01

1 時間に　なっても　でんしゃが　（　　　　　）　こないですね。
　　1　ねっしんに　　　　2　なかなか　　　　3　ずいぶん　　　　4　きっと

2 （　　　　　）に　自分が　すきな　ものを　えらんで　ください。
　　1　じゆう　　　　　2　しんせつ　　　　3　とくべつ　　　　4　ふくざつ

3 あの　人は　（　　　　　）　うそを　つく　ような　人では　ない。
　　1　かならず　　　　2　いくら　　　　　3　しばらく　　　　4　けっして

4 この　へんは　こうつうが　（　　　　）だ。
　　1　かんたん　　　　2　むり　　　　　　3　まじめ　　　　　4　ふべん

5 その　バスには　私たちが　すわれるだけの　（　　　　　）な　せきは　ない。
　　1　じゅうぶん　　　2　ぜんぜん　　　　3　こんど　　　　　4　こんかい

6 こどもたちは　みんな　（　　　　　）　ものが　だいすきだそうです。
　　1　からい　　　　　2　にがい　　　　　3　あまい　　　　　4　ひどい

7 この　もんだいが　しけんに　出るのは　（　　　　　）。
　　1　ひつようだ　　　2　ざんねんだ　　　3　たしかだ　　　　4　あんぜんだ

8 （　　　　　）　いけんを　出して　ください。
　　1　なにも　　　　　2　どんどん　　　　3　ひさしぶり　　　4　あまり

9 きのうは　あめが　ふった。（　　　　　）　一日じゅう　家に　いた。
　　1　いっしょうけんめい　2　いちど　　　　3　ずいぶん　　　　4　だから

10 （　　　　　）な　ところで　みんなと　いけんが　わかれた。
　　1　ねっしん　　　　2　しんせつ　　　　3　ひつよう　　　　4　だいじ

→ 정답 p.19

1 あしたの　ために　こんやは　（　　　　　）　ねなさい。
1　やっぱり　　　　　2　べつに　　　　　3　しっかり　　　　　4　すっかり

2 きのうの　テストは　（　　　　　）　むずかしく　ありませんでした。
1　ぜんぜん　　　　　2　だいたい　　　　　3　すこし　　　　　4　とても

3 らいげつ　（　　　　　）が　うまれる。ぼくにも　おとうとが　できる。
1　おとうと　　　　　2　むすこ　　　　　3　だんせい　　　　　4　あかちゃん

4 ここの　みせは　あそこの　みせより　（　　　　　）　たかいです。
1　かりに　　　　　2　やっと　　　　　3　わりあいに　　　　　4　たとえ

5 やすみの　ときは　（　　　　　）　何を　しますか。
1　たしか　　　　　2　それほど　　　　　3　たまに　　　　　4　たいてい

6 ちゃいろの　（　　　　　）を　きて　おみあいに　行った。
1　スーツ　　　　　2　アナウンサー　　　　　3　ハンバーグ　　　　　4　パート

7 母の　つくった　カレーの　あじは　（　　　　　）です。
1　からい　　　　　2　うれしい　　　　　3　きびしい　　　　　4　こわい

8 この　にくは　とても　（　　　　　）ので　たべやすいです。
1　ふかい　　　　　2　かなしい　　　　　3　めずらしい　　　　　4　やわらかい

9 しごとが　おわったら　（　　　　　）　はやく　かえって　ください。
1　だいたい　　　　　2　けっして　　　　　3　できるだけ　　　　　4　そろそろ

10 （　　　　　）　べんきょうは　しません。
1　たいして　　　　　2　いくら　　　　　3　そろそろ　　　　　4　だんだん

➜ 정답 p.20

1 へん

  1 おなかが へんに すいたので、 ラーメンを 食べました。

  2 へんな おとが きこえて 外を 見たが、 だれも いなかった。

  3 この くつは とても はきやすいし、 へんですね。

  4 この テキストは へんに よく ないと 思います。

2 だて

  1 だてに ある ものは わたしのじゃ ないです。

  2 みなさんに 三つだて わけて ください。

  3 わたしの 家は 3階だてです。

  4 だては 外国から ゆにゅうした ものです。

3 ちっとも

  1 山田さんが つくって くれた りょうりは ちっとも おいしい。

  2 きおんが ちっとも あがって とても あついですね。

  3 あんな ところには ちっとも 行きたくないです。

  4 なつやすみに すいえい きょうしつに かよって ちっとも 上手に なった。

4 さかん

  1 外が さかんで 出て 見ると、 子どもたちが さわいで いた。

  2 この きょうしつの 学生は みんな さかんですね。

  3 この 国は じどうしゃ さんぎょうが さかんです。

  4 さかんですから みなさん、 しずかに して ください。

5 てきとう

  1 かれは なんでも てきとうに するから こまる。

  2 これは てきとうな しょるいだから 気を つけて ください。

  3 てんいんは まじめで、 おきゃくさまに てきとうに 説明しました。

  4 山田さんは てきとうな 人ですから きっと 来ますよ。

➜ 정답 p.21

1 かならず

1 時間が あったら かならず もう 一度 来て ください。

2 らいねんは かならず りゅうがくに 行こうと 思います。

3 しゅくだいを 金よう日までに かならず しなければ ならない。

4 かりた お金は かならず かえして ください。

2 おかしい

1 おかしい ときは いつも えいがを 見ます。

2 この 本には おかしい ところが たくさん あります。

3 父の 子どもの ときの はなしを 聞いて みんな おかしく なりました。

4 おかしい 本を よんで なきだしました。

3 にくい

1 せんしゅうの テストは とても にくかったです。

2 いくら にくくても いっしょうけんめい やって いく つもりだ。

3 先生の じゅぎょうは 分かりにくくて ついて いけない。

4 おとうとは いつも にくい しつもんばかり して こまる。

4 ていねい

1 きょうの 天気は とても ていねいですね。

2 あそこの みせの てんいんは ていねいだし、 やさしいです。

3 この レストランの りょうりは おいしくて みんな ていねいでした。

4 山田さんは いつも 友だちに ていねいします。

5 やわらかい

1 よく 聞こえないから やわらかく はなして ください。

2 あんなに せいかくの やわらかい 人は はじめてです。

3 うみは やわらかいし、 きもちいい かぜも ふきました。

4 やいた ばかりの パンは やわらかいです。

Ⓞⓓ もんだい4 바꿔 말하기

「もんだい4」는 밑줄 친 문장과 비슷한 의미로 쓰인 것을 보기 중에 찾는 문제로, 문장의 흐름이나 해석을 정확하게 해야지 정답을 찾을 수 있다. 따라서 학습자에게 어휘의 정확한 의미와 문장의 해석 능력을 요구한다. 각각의 단어가 문장에서 어떻게 사용되며, 어떻게 해석되는가를 충분한 연습으로 문장 구조 파악 능력과 문장 해석 능력을 높이도록 하자. N4에 출제되는 문제는 어느 정도는 한정되어 있을 것이므로, 다음 문제들로도 충분히 대비를 할 수 있을 것이다.

→ 정답 p.22

1 やまださん　いがいは　みんな　しけんを　うけました。

   1　やまださんだけ　しけんを　うけました。

   2　やまださんは　しけんを　うけませんでした。

   3　みんな　しけんを　うけませんでした。

   4　やまださん　しか　しけんを　うけませんでした。

2 つごうが　わるくて　あつまりに　いけません。

   1　ようじが　あって　あつまりに　いけません。

   2　きぶんが　わるくて　あつまりに　いけません。

   3　おかねが　なくて　あつまりに　いけません。

   4　のりものが　なくて　あつまりに　いけません。

3 ともだちに　かったり、まけたり　します。

   1　ともだちと　そうだんを　します。

   2　ともだちと　やくそくを　します。

   3　ともだちと　かいものを　します。

   4　ともだちと　きょうそうを　します。

4 おとうとは　せんせいに　しょうらいの　ゆめを　はなしました。

   1　おとうとは　せんせいに　せんしゅう　なにを　したか　はなしました。

   2　おとうとは　せんせいに　これから　なにを　するか　はなしました。

   3　おとうとは　せんせいに　きのうの　ゆめを　はなしました。

   4　おとうとは　せんせいに　いま　なにを　して　いるか　はなしました。

5 やまださんは　やさしい　ひとです。

   1　やまださんは　こわい　ひとです。

   2　やまださんは　きびしい　ひとです。

   3　やまださんは　しんせつな　ひとです。

   4　やまださんは　まじめな　ひとです。

→ 정답 p.22

1 やまださんは　あしたの　パーティーに　いくようです。

　　1　やまださんは　あしたの　パーティーに　いきません。

　　2　やまださんは　あしたの　パーティーに　いきそうです。

　　3　やまださんは　あしたの　パーティーに　いくか　どうか　わかりません。

　　4　やまださんは　あしたの　パーティーに　いくかも　しれません。

2 ともだちは　てぶくろを　して　います。

　　1　きょうは　さむいようです。

　　2　きょうは　あついようです。

　　3　ともだちは　いそがしいようです。

　　4　ともだちは　さびしいようです。

3 ちゅうしゃじょうは　くるまが　いっぱいです。

　　1　くるまを　とめる　ところが　たくさん　あります。

　　2　くるまが　こしょうしました。

　　3　くるまを　とめる　ところが　ありません。

　　4　くるまを　うんてんして　います。

4 テープレコーダーを　なおしました。

　　1　テープレコーダーは　こわれました。

　　2　テープレコーダーは　たかいです。

　　3　テープレコーダーは　もんだいが　たくさん　あります。

　　4　テープレコーダーは　もう　だいじょうぶです。

5 プレゼントを　つつみました。

　　1　プレゼントを　いただきました。

　　2　プレゼントを　おくりました。

　　3　プレゼントを　きれいに　しました。

　　4　プレゼントを　あけました。

➜ 정답 p.23

1　でんしゃの　中は　すいて　いました。

　　1　でんしゃに　だれも　のって　いませんでした。

　　2　でんしゃに　のって　いる　人は　すくなかったです。

　　3　でんしゃに　のって　いる　ひとは　たくさん　いました。

　　4　でんしゃには　せきが　ぜんぜん　ないです。

2　やまださんは　外国の　えを　けんきゅうして　います。

　　1　やまださんの　せんもんは　ぶんがくです。

　　2　やまださんの　せんもんは　えいごです。

　　3　やまださんの　せんもんは　れきしです。

　　4　やまださんの　せんもんは　びじゅつです。

3　いちにちおきに　すいえいの　きょうしつに　かよって　います。

　　1　きょう　すいえいの　きょうしつに　いきます。つぎは　あさって　いきます。

　　2　きょう　すいえいの　きょうしつに　いきます。つぎは　あした　いきます。

　　3　まいにち　すいえいの　きょうしつに　いきます。

　　4　きょう　すいえいの　きょうしつに　いきます。つぎは　らいしゅう　いきます。

4　ともだちは　学校の　ちかくで　げしゅくして　います。

　　1　ともだちは　学校の　なかで　せいかつして　います。

　　2　ともだちは　学校の　まえに　ひっこしました。

　　3　ともだちは　学校の　まわりで　せいかつして　います。

　　4　ともだちは　学校の　となりで　アルバイトを　して　います。

5　りゅうがくせいの　けいけんが　あります。

　　1　りゅうがくせいに　なる　つもりです。

　　2　りゅうがくせいに　なった　ことが　あります。

　　3　りゅうがくせいに　なって　みたいです。

　　4　りゅうがくせいに　なるため　がんばって　います。

N4

2장 문법

Part 1
분석 및 대책

1. 문법의 문제 구성
2. 문제 유형 맛보기

신 일본어 능력시험 N4문법은 총 25문제가 출제되며, 문자·어휘, 독해와 합쳐서 120점 만점이다.

문법은 총 3가지 유형으로 구성되는데, 기존의 문제와 같은 형식의 <もんだい1 문법 형식 판단(15문제)>은 문법적인 요소를 정확하게 알고 있어야 하고, 문장의 구성에 대한 이해도 있어야 한다. 따라서 기존의 문법만 무작정 외우면 절대 실전에서 좋은 점수를 받을 수 없다는 것을 명심하자. 그리고 <もんだい2 문장의 어순 배치(5문제, 신유형)>는 새롭게 추가된 유형으로 문장의 어순 배치를 묻는 문제이다. <もんだい3 독해문장에 서의 공란 메우기(5문제, 신유형)>는 문법적인 요소를 함유하고 있지만, 군데군데 빈칸이 있으므로 글의 전체 적인 흐름을 파악하지 못 하면 정답을 찾기가 쉽지 않다. 그러나 본 교재에서 다루고 있는 문형 문법과 어휘 문법의 개념을 정확하게 이해하면서 공부하면 실전에서도 어렵지 않게 풀 수 있을 것이다.

문제	출제 의도	변형 정도	문항 수	목표
問題1	문법 형식 판단	○	15	괄호 안에 들어갈 가장 알맞은 문법 기능어를 찾아 문장을 완성하는 문제
問題2	문장 만들기	◆	5	나열된 4개의 보기로 문장을 완성하고 ★에 해당하는 표현을 찾는 문제
問題3	공란 메우기 (문장의 문법)	◆	5	장문의 지문에서 공란에 들어갈 어구를 보기에서 고르는 문제

◆ : 구 시험에서는 출제되지 않았던 새로운 문제 형식

◇ : 구 시험의 문제 형식을 유지하나 형식이 부분적으로 변경됨

○ : 구 시험에서도 출제된 문제 형식

2. 문제 유형 맛보기

もんだい1 문법 형식 판단 (15문제)

N4에서 다루는 기본적인 문법과 문장에 대한 이해능력을 묻는 문제가 출제된다. 따라서 단순히 문법만 암기를 해서는 절대 좋은 점수를 받을 수 없으므로, 문장에 대한 이해와 해석능력을 키우는 데 많은 시간을 할애해야만 한다.

예제

もんだい1 （　　　　）に　なにを　いれますか。1・2・3・4から　いちばん　いい　ものを　ひとつ　えらんで　ください。

1 へやの　かぎが　（　　　　）。

1　かけます　　　　　　　　　2　かけて　います

3　かけて　あります　　　　　4　かかって　あります

2 せいせいに　（　　　　）　きめられません。

1　きいて　みたら　　　　　　2　きいて　みないと

3　きかなくても　　　　　　　4　きいて　みると

---

1 방의 열쇠가 채워져 있습니다.

✓ 3 타동사+て ある ～해져 있다 (상태 표현)

↝ へや 방　かぎ 열쇠　かける 채우다　かかる 채워지다

2 선생님께 물어보지 않으면 결정할 수 없습니다.

✓ 2 きいて みないと 물어보지 않으면

↝ きく 묻다　きめる 정하다

2010년부터 새롭게 출제된 유형으로, 문장의 의미가 통하도록 네 개의 밑줄에 들어가는 어휘를 바르게 조합하는 능력을 묻는 문제이다. 단어의 정확한 의미와 문법의 바른 쓰임, 작문 능력이 없으면 문제를 풀기가 상당히 까다로울 것이다. 주어와 서술어의 관계, 그리고 그 문법을 중심으로 전후의 문장을 조합해 가면 정답을 쉽게 찾을 수 있을 것이다. 보기의 조사가 문장의 어느 부분에 접속되는지를 먼저 파악하면서 풀도록 한다.

예제

もんだい2 ＿＿★＿＿に　入る　ものは　どれですか。1・2・3・4から　いちばん
　　　　　いい　ものを　ひとつ　えらんで　ください。

1 来週 ＿＿＿ ＿＿＿ ＿★＿ ＿＿＿ らしいですよ。

　　1　入って　くる　2　輸入した　　3　から　　　　4　ものが

2 A もう ＿＿＿ ＿★＿ ＿＿＿ ＿＿＿ この　へんで　失礼します。

　B まだ　いいじゃ　ありませんか。

　　1　時間　　　　2　こんな　　　3　今日は　　　4　ですので

1 다음 주부터 수입한 것이 들어올 것 같습니다.
　✓ 4 来週から　輸入した　ものが　入ってくる　らしいですよ。
　〜 来週(らいしゅう) 다음 주　輸入(ゆにゅう) 수입　入(はい)る 들어오다(가다)

2 A 벌써 시간이 이렇게 되었으므로 오늘은 이쯤에서 실례하겠습니다.
　B 아직 괜찮지 않습니까?
　✓ 4 もう　こんな　時間　ですので　今日は　この　へんで　失礼します。
　〜 今日(きょう) 오늘　このへん 이쯤　失礼(しつれい) 실례

もんだい3 **공란 메우기(문장의 문법)** (5문제)

2010년부터 새롭게 출제된 유형으로 독해 지문 속에 공란에 다섯 개가 나오는데 문장의 흐름에 맞추어 적당한 어휘나 문형을 찾아야 한다. 주로 묻는 문제는 다음과 같다.

1. 접속사

2. 조사

3. 문법적인 요소

4. 문장의 흐름에 맞는 문장이나 문형

5. 문장의 흐름에 맞는 서술어

2009년까지의 시험에서 비슷한 유형으로, 장문 독해에서 공란에 들어가는 알맞은 어휘나 접속사, 문장 등을 찾는 것인데, 신 시험에서는 문장의 흐름을 읽는 요소가 좀 더 가미되어 있다. 단순히 문법의 기능적인 의미를 묻는 것은 드물고, 문장의 흐름을 파악해야만 정답을 찾을 수 있을 것이다. 대개는 일반적인 서술형의 글이 출제되나, 구 시험에서 비슷한 유형 중 회화문으로 구성된 문제가 있었다. 따라서 앞으로 회화문으로 구성된 문장의 문법(공란 메우기)도 출제될 가능성은 있다.

예제

もんだい3　1　から　5　に　何を　入れますか。文章の　意味を　考えて、1・2・3・4から　いちばん　いい　ものを　一つ　えらんで　ください。

　昨日、私の　家に　どろぼうが　入りました。かぎを　かけて　おきましたが、どろぼうは　かぎを　こわして　入った　ようです。新しい　かぎを　買ったのは　先週で、とても　1　ものだと　聞いて　買ったのですが…。

　私が　家に　帰った　ときは、へやと　つくえの　上は　とても　きたなかったです。でも　ひきだしの　中に　あった　お金は　ぬすまれませんでしたが、先月　買って　つくえの　上に　置いて　おいた　新しい　カメラは　ぬすまれました。2-a、かばんの　中に　あった　まんねんひつも　2-b。カメラには　先週　友だちと　いっしょに　旅行に　行って　とった　写真が　入って　います。5年　ぶりに　会った　高校の　友だちと、はじめての　海外旅行に　行って　とった　ものです。3　こんな　機会が　ないと　思われるので　とても　くやしいです。

　けいさつに　すぐ　4　調べられましたが、どろぼうが　のこした　ものは　何も　ありませんでした。とても　じょうぶな　かぎを　かけても　どろぼうに　入られるから　これから　どんな　かぎを　使ったら　いいか　わかりません。けいさつからも　最近の　どろぼうは　頭が　いいから　自分で　注意するしか　ないと　言われました。とにかく　とても　5　一日でした。

1 　1　じょうぶな　　　2　安い　　　　　　3　新しい　　　　　4　高い

2 　1　a　でも　　　　　b　だいじょうぶでした
　　2　a　また　　　　　b　なくなりました
　　3　a　しかし　　　　b　なくなりました
　　4　a　それで　　　　b　こわれました

3 　1　今回　　　　　2　これまで　　　3　さっき　　　4　二度と

4 　1　呼ばれて　　　　　　　　　　　　2　届けて
　　3　連絡させられて　　　　　　　　　4　行かれて

5 　1　早く　帰った
　　2　いろんな　ことが　あった
　　3　気持ちの　悪い
　　4　けいさつの　たいせつさを　感じる

✓ ☐1 1   ☐2 2   ☐3 4   ☐4 2   ☐5 3

어제 우리 집에 도둑이 들어왔습니다. 열쇠를 채워 두었지만, 도둑은 열쇠를 부수고 들어온 것 같습니다. 새 열쇠를 산 것은 지난 주로, 매우 ☐1 **튼튼한** 것이라고 듣고 샀습니다만….

내가 집에 돌아왔을 때는 방과 책상 위는 매우 더러웠습니다. 하지만 서랍 안에 있었던 돈은 도둑맞지 않았습니다만, 지난 달에 사서 책상 위에 놓아 둔 새 카메라는 도둑맞았습니다. ☐2-a **또**, 가방 안에 있었던 만년필도 ☐2-b **없어졌습니다**. 카메라에는 지난 주에 친구와 함께 여행가서 찍은 사진이 들어 있습니다. 5년 만에 만난 고등학교 친구와 첫 해외여행가서 찍은 것입니다. ☐3 **두 번 다시** 이런 기회가 없을 것으로 생각되기 때문에 매우 분합니다.

경찰에 바로 ☐4 **신고해서** 조사 받았습니다만, 도둑이 남긴 것은 아무것도 없었습니다. 매우 튼튼한 열쇠를 채워도 도둑이 침입하니 앞으로 어떤 열쇠를 사용하면 좋을지 모르겠습니다. 경찰로부터도 요즘 도둑은 머리가 좋기 때문에 스스로 주의할 수밖에 없다고 들었습니다. 여하튼 매우 ☐5 **기분이 나쁜** 하루였습니다.

↝ 昨日(きのう) 어제　家(いえ) 집　どろぼう 도둑　入(はい)る 들어오다　新(あたら)しい 새롭다
先週(せんしゅう) 지난주　じょうぶだ 튼튼하다　かぎを かける 열쇠를 채우다　〜て おく 〜해 두다
こわす 부수다　〜ようだ 〜인 것 같다　帰(かえ)る 돌아오다(가다)　〜とき 〜때　へや 방　つくえ 책상　上(うえ) 위
きたない 더럽다　ひきだし 서랍　中(なか) 안　お金(かね) 돈　ぬすむ 훔치다　先月(せんげつ) 지난달　買(か)う 사다
おく 두다　まんねんひつ 만년필　なくなる 없어지다　友(とも)だち 친구　いっしょに 함께
旅行(りょこう) 여행　とる 찍다　写真(しゃしん) 사진　〜ぶりに 〜만에　高校(こうこう) 고등학교　はじめて 처음
海外(かいがい) 해외　二度(かど)と 두 번 다시　機会(きかい) 기회　けいさつ 경찰　すぐ 바로
届(とど)ける 신고하다, 배달하다　調(しら)べる 조사하다　のこす 남기다　何(なに)も 아무것도　使(つか)う 사용하다
最近(さいきん) 최근　頭(あたま) 머리　注意(ちゅうい) 주의　気持(きも)ち 기분　悪(わる)い 나쁘다
一日(いちにち) 하루

Part 2
もんだい1 대비 집중 훈련

1. 반드시 알아야 할 문법

2. 확률 용법

3. 전문·양태 용법

4. 가정용법

5. 확인 문제

1. 반드시 알아야 할 문법

① 문형·활용

1. 수동

① わたしは母にしかられた。 나는 어머니에게 혼났다.

② 学校から帰るとき、雨に降られた。 학교에서 돌아올 때, 비를 맞았다.

③ この雑誌は毎月発行される。 이 잡지는 매월 발행된다.

2. 경어

① お＋동사ます형＋になる 존경

• 先生は何時ごろお帰りになりますか。 선생님은 몇 시경에 돌아오십니까?

②「られる」도 존경의 의미를 가지고 있다.

• あの本、もう読まれましたか。 저 책, 벌써 읽었습니까?

③ お＋동사ます형＋ください 존경

• ここでしばらくお待ちください。 여기서 잠시 기다려주세요.

④ 명사에 접두어「お」 존경

• お手紙、ありがとうございます。 편지 고맙습니다.

⑤ お＋동사ます형＋する 겸양

• これは田中さんにお借りした本です。 이것은 다나카 씨에게 빌린 책입니다.

⑥ お＋동사ます형＋いたす 겸양

• 先生のお荷物はわたしがお持ちいたします。 선생님의 짐은 제가 들겠습니다.

⑦ お + 형용사「う단」+ う + ございます　형용사「う단」+ い의 존경법

- こちらのほうがお安うございます。 이쪽이 쌉니다.

⑧ ～でございます　「です(입니다)」의 정중한 표현

- このくつはイタリア製でございます。 이 구두는 이탈리아제입니다.

3. 사역

① 역할, 임무제공

- わたしは弟に部屋の掃除をさせた。 나는 남동생에게 방 청소를 시켰다.

② 원인제공

- 妹を泣かせてはいけません。 여동생은 울려서는 안 됩니다.

4. 사역 + 수동

- 子どものころ、母にいろいろな野菜を食べさせられた。
  어릴 때, 어머니가 여러가지 채소를 억지로 먹게 했다.

5. 동사의「ず(に)」형태

① 동사부정형 + ず(に) ～하지 않고

- あの人は今日、かばんを持たずに家を出ました。
  저 사람은 오늘, 가방을 안 가지고 집에서 나왔습니다.

6. 동사의 명령형

① 5단 동사의「う단」을「え단」으로 바꿈

- 早く行け。 빨리 가!

② 1단 동사의「る」를 빼고「ろ」를 붙임

- あれを見ろ。 저것을 봐!

③ 불규칙 동사의「来る」→「来い」

- ここへ来い。 여기로 와!

④ 불규칙 동사의「する」→「しろ、せよ」

- しっかりしろ。 똑바로 해!

7. 문장의 명사화

① 「の」가 앞의 문장 전체를 받아 명사절이 된다.

- あんなところへ行くのはいやです。 저런 곳에 가는 것은 싫습니다.

② 「こと」가 앞의 문장 전체를 받아 명사절이 된다.

- わたしがここにいることをだれから聞きましたか。
  내가 여기에 있는 것을 누구에게 들었습니까?

③ 「ということ」가 앞의 문장 전체를 받아 명사절이 된다.

- あなたが元気になったということを知って、安心しました。
  당신이 건강해졌다는 것을 알고, 안심했습니다.

8. 보조동사

① ～ていく ～해 가다(상태 변화)

- この研究は卒業後も続けていくつもりです。
  이 연구는 졸업 후에도 계속해 갈 생각입니다.

② ～てくる ～해 오다(상태 변화)

- だいぶ日本語が上手になってきましたね。 꽤 일본어가 능숙해졌군요.

③ ～てみる ～해 보다

- わたしが作ったこの料理を食べてみてください。
  내가 만든 이 요리를 먹어봐요.

④ ～てしまう ～해 버리다

- ゆうべ、遅く寝たから、今朝は寝坊してしまいました。
  어젯밤 늦게 잤기 때문에, 오늘 아침에는 늦잠을 자버렸습니다.

⑤ ～ておく ～해 두다

- この言葉は大事ですから、よく覚えておいてください。
  이 말은 중요하니까, 잘 기억해 두세요.

② 조사 · 지시어

1. 지시어

① こんな 이런

- こんなぼうしをかぶるのはどんな人でしょう。 이런 모자를 쓰는 사람은 어떤 사람일까요?

② そんな 그런

- そんなことを言わないでください。 그런 말을 하지 말아주세요.

③ あんな 저런

- あんな人はきらいです。 저런 사람은 싫습니다.

④ こう 이렇게

- この漢字はこう書きます。 이 한자는 이렇게 씁니다.

⑤ そう 그렇게

- かれはもう結婚しているが、そう見えない。
  그는 이미 결혼했지만, 그렇게 보이지 않는다.

⑥ ああ 저렇게

- あの人はいつもああ言います。 저 사람은 항상 저렇게 말합니다.

2. 축약형

① 〜ちゃ = 〜ては 〜해서는

- そんなことをしちゃいけないよ。 그런 일을 해서는 안 된다.

3. 조사

① 〜が 〜가 (好き는 「を」 대신에 「が」를 수반함) → 대상

- わたしはこの本が好きです。 나는 이 책을 좋아합니다.

- わたしはいぬが好きです。 나는 개를 좋아합니다.

② 〜が 〜이(가) → 대상

- ぞうははなが長いです。 코끼리는 코가 깁니다.

③ ～までに ～까지

- あしたは9時までに来てください。 내일은 9시까지 오세요.

  ☆ 「まで」라고 하면 '그 기간(시간)까지'라는 뜻이다. 예를 들면,
  - あさってまで来てください 모레까지 오세요. (모레 가면 된다.)
  - あさってまでに来てください 모레까지 오세요. (내일 가도 되고, 모레 가도 된다.)

④ ～も ～도, ～(씩)이나 → 예상하는 이상의 정도

- かれはパンを5つも食べました。 그는 빵을 다섯 개나 먹었습니다.

⑤ ～ばかり ～뿐, 만 → 한정

- この子は毎日テレビばかり見ています。 이 아이는 매일 텔레비전만 보고 있습니다.

⑥ ～でも ～라도 → 예시

- これなら子どもでもできる。 이거라면 아이라도 할 수 있다.

- お茶でも飲もう。 차라도 마시자.

⑦ ～でも ～라도, ～든지 → 전면적 긍정

- あの人は何でも知っています。 저 사람은 뭐든지 알고 있습니다.

⑧ ～か ～지, ～가 → 불확실

- きのうここへだれが来たか、知っていますか。 어제 여기에 누가 왔는지, 알고 있습니까?

⑨ ～とか ～라든가 → 병립, 열거

- つくえの上に本とかノートとかがいっぱい置いてあります。
  책상 위에 책이라든가 노트(라든가)가 많이 놓여져 있습니다.

⑩ ～し ～고 → 접속, 열거

- あの人は頭もいいし、体も丈夫です。 저 사람은 머리도 좋고, 몸도 튼튼합니다.

⑪ ～ので ～때문에 → 이유

- きのうは頭が痛かったので、くすりを飲んで寝ていました。
  어제는 머리가 아파서, 약을 먹고 잤습니다.

⑫ ～のに ～인데도 불구하고 → 역설

- 雨が降っているのに、かれはかさをささずに歩いている。
  비가 내리고 있는데도, 그는 우산을 쓰지 않고 걷고 있다.

⑬ ～の ～하니? → 의문

- あなたもいっしょに行<ruby>く<rt></rt></ruby>の。 너도 함께 가니?

⑭ ～だい ～거야? → 가벼운 의문

- どうしたんだい。 어떻게 된 거야?

⑮ ～かい ～할래? → 가벼운 의문

- このウイスキー、飲むかい。 이 위스키 마실래?

⑯ 동사기본형 + な 강한 금지

- あの部屋には入るな。 저 방에는 들어가지 마!

4. 접미어

① 형용사 어간 + さ 명사화

- この暑さはふつうではない。 이 더위는 보통이 아니다.

② 형용동사 어간 + さ 명사화

- にぎやかさではここがいちばんだ。 번화함으로는 이곳이 최고다.

③ 명사 + らしい ～답다

- あの人はほんとうに男らしい人だと思います。
  저 사람은 정말로 남자다운 사람이라고 생각합니다.

④ 형용사 어간 + がる ～어 하다

- 子どもはあまいものをほしがっている。 아이는 단것을 원하고 있다.

⑤ 형용동사 어간 + がる ～어 하다

- 学生はだいたいテストをいやがる。 학생은 대체로 시험을 싫어한다.

⑥ 동사ます형 + たがる ～싶어 하다 → 제3자의 희망

- あんな寒いところへはだれも行きたがらないだろう。
  저런 추운 곳에는 아무도 가고 싶어하지 않을 것이다.

1. 의지

① 동사 의지형 + と思う ~하려고 생각하다

- わたしは国へ帰ろうと思います。 나는 고향에 돌아가려고 생각합니다.

② ~つもり ~할 생각, 작정, 의도

- わたしはしょうらい建築会社に勤めるつもりです。
  나는 장래에 건축회사에 근무할 생각입니다.

③ 동사 의지형 + とする ~하려고 하다

- かれは何をしようとしているのですか。 그는 무엇을 하려고 하고 있는 것입니까?

④ 동사 기본형 + ことにする ~하기로 하다

- わたしは毎日ジョギングをすることにしています。 나는 매일 조깅을 하려고 합니다.

⑤ ~にする ~으로 하다

- わたしはカレーライスにします。 나는 카레라이스로 하겠습니다.

2. 의뢰

① お + 동사ます형 + ください 정중한 명령의 의미

- ここでしばらくお待ちください。 여기서 잠시 기다려 주세요.

② 동사 사역형 + て + いただく 자기의 행위에 대해서 허가를 구하는 의미

- あした学校を休ませていただきませんか。 내일 학교를 쉬게 해 주시지 않겠습니까?

3. 인용

① ~と言う ~라고 말하다

- わたしは山田さんに「おはよう」と言いました。
  나는 야마다 씨에게 「안녕하세요」라고 말했습니다.

4. 개시

① 동사 ます형 + はじめる ～하기 시작하다

- ゆうべ8時ごろから雨が降りはじめました。 어젯밤 8시경부터 비가 내리기 시작했습니다.

② 동사 ます형 + だす (갑자기) ～하기 시작하다

- その子は急に泣きだしました。 그 아이는 갑자기 울기 시작했습니다.

5. 과도

① 동사 ます형 + すぎる 지나치게 ～하다

- お酒を飲みすぎて、気持ちが悪くなった。 과음해서 컨디션이 나빠졌다.

6. 가능

① 동사 기본형 + ことができる ～할 수가 있다

- あなたは英語で手紙を書くことができますか。 당신은 영어로 편지를 쓸 수가 있습니까?

☆5단동사「う단」을「え단」으로 바꾸어「る」를 붙이면 가능동사가 된다.
- わたしは中国語が話せます。 나는 중국어를 할 수 있습니다.

7. 권고

① 동사 과거형 + ほうがいい ～하는 편이 좋다
- 今日は早く家へ帰ったほうがいいですよ。 오늘은 빨리 집에 돌아가는 편이 좋습니다.

8. 의무

① 동사 부정형 + なければならない ～해야(만) 한다
- 部屋代はいつまでに払わなければなりませんか。 방값은 언제까지 지불해야만 합니까?

② ～てはいけない ～해서는 안 된다

- としょかんでさわいではいけません。 도서관에서 떠들어서는 안 됩니다.

9. 허가

① ～てもいい ～해도 좋다

- 試験が終わった人は帰ってもいいです。 시험이 끝난 사람은 돌아가도 좋습니다.

② ～てもかまわない ～해도 상관없다

- テレビを見たい人は見てもかまいません。 텔레비전을 보고 싶은 사람은 봐도 상관없습니다.

10. 금지

① ～てはいけない ～해서는 안 된다

- あなたはまだ子どもだから、タバコを吸ってはいけません。
  당신은 아직 어리니, 담배를 피워서는 안 됩니다.

11. 경험의 유무

① 동사 과거형 + ことがある ～한 적이 있다

- わたしは一度アフリカへ行ったことがあります。 나는 한 번 아프리카에 간 적이 있습니다.

② 동사 과거형 + ことがない ～한 적이 없다

- わたしは一度もスキーをしたことがありません。 나는 한 번도 스키를 탄 적이 없습니다.

12. 계속

① 동사 ます형 + つづける 계속 ～하다

- 長い間本を読みつづけていると、目が痛くなる。 오랜 시간 책을 계속 읽으면, 눈이 아파진다.

13. 종료

① 동사 ます형 + おわる ～하는 것을 끝내다

- ばんごはんを食べおわってから、みんなでドライブをした。
  저녁밥을 다 먹고 나서, 다 같이 드라이브를 했다.

14. 수급

① **やる**　내가 손아랫사람, 동년배, 동·식물에게 무엇을 주다

- わたしは弟のたんじょうびにボールペンを**やりました**。
  나는 남동생 생일에 볼펜을 주었습니다.

② **〜てやる**　내가 손아랫사람, 동년배에게 무엇을 해 주다

- わたしは妹にすうがくを教え**てやりました**。 나는 여동생에게 수학을 가르쳐 주었습니다.

③ **あげる**　「やる」의 겸양어

- あなたは小林さんに何を**あげましたか**。 당신은 코바야시 씨에게 무엇을 주었습니까?

④ **〜てあげる**　「〜てやる」의 겸양어

- 荷物はあとで送っ**てあげます**。 짐은 나중에 보내드리겠습니다.

⑤ **さしあげる**　「やる」의 겸양어

- この山のしゃしんは田中先生に**さしあげる**つもりです。
  이 산 사진은 다나카 선생님에게 드릴 생각입니다.

⑥ **〜てさしあげる**　「〜てやる」의 겸양어

- 分かりにくいところですから、地図をかい**てさしあげましょう**。
  알기 어려운 곳이니, 지도를 그려 드리지요.

⑦ **くれる**　남이 나에게 무엇을 주다

- この時計は兄が**くれた**ものです。 이 시계는 형이 준 것입니다.

⑧ **〜てくれる**　남이 나에게 무엇을 해 주다

- このセーターをあん**でくれた**のは妹です。 이 스웨터를 짜 준 것은 여동생입니다.

⑨ **くださる**　「くれる」의 존경어

- これは山本先生が**くださった**じしょです。 이것은 야마모토 선생님이 주신 사전입니다.

⑩ **〜てくださる**　「〜てくれる」의 존경어

- きのうは山田さんが東京を案内し**てくださいました**。
  어제는 야마다 씨가 도쿄를 안내해 주셨습니다.

⑪ もらう 받다

・<ruby>去年<rt>きょねん</rt></ruby>のたんじょうびにはどんなものをもらいましたか。
작년 생일에는 어떤 것을 받았습니까?

⑫ ～てもらう ～해 받다

・わからないことがあるときは、せんぱいに<ruby>教<rt>おし</rt></ruby>えてもらいます。
모르는 것이 있을때는 선배에게 가르쳐 받습니다.

⑬ いただく 「もらう」의 겸양어

・わたしはあの<ruby>方<rt>かた</rt></ruby>から<ruby>一度<rt>いちど</rt></ruby>お<ruby>手紙<rt>てがみ</rt></ruby>をいただいたことがあります。
나는 저 분으로부터 한번 편지를 받은 적이 있습니다.

⑭ ～ていただく 「～てもらう」의 겸양어

・これは<ruby>先生<rt>せんせい</rt></ruby>に<ruby>教<rt>おし</rt></ruby>えていただきました。 이것은 선생님이 가르쳐 주셨습니다.

15. 조건

① 동사의 「う단」을 「え단」으로 바꾸어 「ば」를 붙이면 가정형

・<ruby>時間<rt>じかん</rt></ruby>があれば<ruby>行<rt>い</rt></ruby>きます。 시간이 있으면 가겠습니다.

② 동사의 과거형에 「ら」를 붙이면 가정형

・<ruby>雨<rt>あめ</rt></ruby>がふったら<ruby>行<rt>い</rt></ruby>きません。 비가 내리면 안 갑니다.

③ 명사 + なら 가정형

・あしたいい<ruby>天気<rt>てんき</rt></ruby>なら、<ruby>山<rt>やま</rt></ruby>へ<ruby>行<rt>い</rt></ruby>きます。 내일 날씨가 좋으면 산에 갑니다.

④ 동사 기본형 + と 가정형 → 자연 현상(당연한 결과)

・<ruby>春<rt>はる</rt></ruby>になると、あたたかくなる。 봄이 되면 따뜻해진다.

⑤ 명사·형용동사 + だと 가정형

・あしたいい<ruby>天気<rt>てんき</rt></ruby>だといいね。 내일 날씨가 좋으면 좋겠다.

⑥ 발견의 「と」 ～하니(까), ～하자

・まどを<ruby>開<rt>あ</rt></ruby>けると、<ruby>雪<rt>ゆき</rt></ruby>がふっていた。 창문을 열자 눈이 내리고 있었다.

16. 상태의 방지

① 동사 과거형 ＋ まま 〜한 채로

• 弟はめがねをかけたまま寝ています。 남동생은 안경을 쓴 채로 자고 있습니다.

17. 양보

① 동사 음편형 ＋ ても(でも) 〜해도

• このような言葉はじしょをひいても、わかりません。
이러한 말은 사전을 찾아도 모릅니다.

② 명사 ＋ でも 〜라도

• あしたは雨でも、出かけます。 내일은 비가 내려도 외출합니다.

③ どんな〜ても(でも) 어떠한 〜라도(해도)

• わたしは、どんなことがあっても、あなたのことを忘れません。
나는 어떤 일이 있어도 당신을 잊지 않습니다.

18. 추량·확률

① 〜だろう 〜일 것이다

• かのじょは美人だろう。 그녀는 미인일 것이다.

② 〜だろうと思う 〜일 것이라고 생각하다

• こんどのしけんは難しいだろうと思います。 이번 시험은 어려울 것이라고 생각합니다.

③ 〜らしい 〜인(할) 것 같다

• あべさんはきのうタイワンへ行ったらしいです。 아베 씨는 어제 대만에 간 것 같습니다.

④ 〜かもしれない 〜일지도 모른다

• かれは来年日本へ来るかもしれません。 그는 내년에 일본에 올지도 모릅니다.

⑤ 〜はずだ 틀림없이 〜할 것이다

• その本はあのつくえの上にあるはずですよ。 그 책은 저 책상 위에 틀림없이 있을 것입니다.

⑥ ～はずがない ～할 리가 없다

- かれがここへ来るはずがありません。 그가 여기에 올 리가 없습니다.

⑦ ～ようだ ～인(한) 것 같다

- 山田さんはもうねたようです。 야마다 씨는 벌써 잔 것 같습니다.

19. 전문

① ～によると …そうだ ～에 의하면 …라고 한다

- てんきよほうによると、あしたは大雪になるそうです。
  일기예보에 의하면 내일은 큰눈이 내린다고 합니다.

20. 난이

① 동사ます형 + やすい ～하기 쉽다, ～하기 편하다 → 용이

- このくつは歩きやすい。 이 신발은 걷기 편하다.

② 동사ます형 + やすい ～하기 쉽다 → 경향

- 冬はかぜをひきやすい。 겨울은 감기 들기 쉽다.

③ 동사ます형 + にくい ～하기 어렵다, ～하는 데 불편하다

- このペンは書きにくい。 이 펜은 쓰기에 불편하다.

21. 비교

① ～より ～보다

- この本はあの本より難しいです。 이 책은 저 책보다 어렵습니다.

② ～より …ほうが ～보다 …쪽이

- あの店よりこの店のほうがいいです。 저 가게보다 이 가게 쪽이 좋습니다.

③ ～と …とどちらが ～ 와(과) …중에서 어느 쪽이

- ぎゅうにくとぶたにくとどちらが高いですか。 소고기와 돼지고기 중에서 어느 쪽이 비쌉니까?

④ ～ほうが　～쪽이

- ぎゅうにくの**ほうが**高いです。 소고기 쪽이 비쌉니다.

⑤ ～ほど …ない　～만큼 …하지 않다

- ヘリコプターは飛行機**ほど**速く**ない**です。
  헬리콥터는 비행기만큼 빠르지 않습니다.

22. 비유·상황

① ～ようだ　～같다

- 父は子どもの**よう**です。 아버지는 아이 같습니다.

② 명사＋のような　～와(과) 같은

- かのじょは**あかんぼうのような**手をしています。
  그녀는 아기와 같은 손을 가지고 있습니다.

③ 동사＋ような　～같은

- かれはまるでお酒でも**飲んだような**赤い顔をしていました。
  그는 마치 술이라도 마신 것같은 빨간 얼굴을 하고 있었습니다.

23. 불필요

① ～なくてもいい　～안 해도 좋다
- 日よう日には学校へ行か**なくてもいい**です。
  일요일에는 학교에 안 가도 좋습니다.

② ～なくてもかまわない　～않아도 상관없다
- この部屋はそうじをし**なくてもかまいません**。
  이 방은 청소를 하지 않아도 상관없습니다.

24. 방법

① 동사ます형＋方　～하는 방법
- この料理の**作り方**を教えてください。 이 요리의 만드는 방법을 가르쳐 주세요,

25. 명령

① 동사 ます형＋なさい　~해라

- 食後にこの薬を飲みなさい。식후에 이 약을 먹어라.

26. 목적

① ~ために　~위해

- かれは大学に入るために、いっしょうけんめい勉強しています。
  그는 대학에 들어가기 위해 열심히 공부하고 있습니다.

27. 양태

① 동사 ます형＋そうだ　~할 것 같다

- 雨が降りそうです。비가 내릴 것 같습니다.

② 형용사 어간＋そうだ　~같다

- おいしそうなりんごです。먹음직스러운 사과입니다.

28. 이유

① ~ため(に)　~때문에

- じこのために、電車がおくれました。사고 때문에 전철이 늦었습니다.

29. 그 외

① 音がする　소리가 나다

- 台所で大きい音がした。부엌에서 큰 소리가 났다.

② においがする　냄새가 나다

- この花はいいにおいがする。이 꽃은 좋은 냄새가 난다.

③ 동사 기본형＋ことがある　~하는 일이 있다

- あの人はときどき学校を休むことがあります。
  저 사람은 때때로 학교를 쉬는 일이 있습니다.

④ **동사 기본형＋ことになる** 〜하기로 하다 → 방침·규정

- この学校では２か月に一度しけんをうける**ことになっている**。
  이 학교에서는 2개월에 한번 시험을 치르게 되어 있다.

⑤ **〜のだ** 〜것이다

- わたしがやった**のです**。 제가 한 것입니다.

⑥ **〜か どうか** 〜인지 아닌지

- 山田さんが帰国した**かどうか**、知っていますか。
  야마다 씨가 귀국했는지 어떤지 알고 있습니까?

⑦ **〜ように言う** 〜하도록 말하다

- あの人にあまり心配しない**ように言って**ください。
  저 사람에게 그다지 걱정하지 않도록 말해주세요.

⑧ **〜ようにする** 〜하도록 하다

- かさを忘れない**ようにして**ください。 우산은 잊지 않도록 해 주세요.

⑨ **〜ようになる** 〜하게 되다

- 日本語が少しわかる**ようになりました**。 일본어를 조금 알게 되었습니다.

⑩ **동사기본형＋ところだ** 〜하는 참이다(중이다)

- わたしはこれから学校へ行く**ところです**。 나는 지금 학교에 갈 참입니다.

⑪ **〜ているところだ** 〜하고 있는 참이다(중이다)

- わたしは今、日本史の本を読ん**でいるところです**。 나는 지금 일본 역사책을 읽고 있는 중입니다.

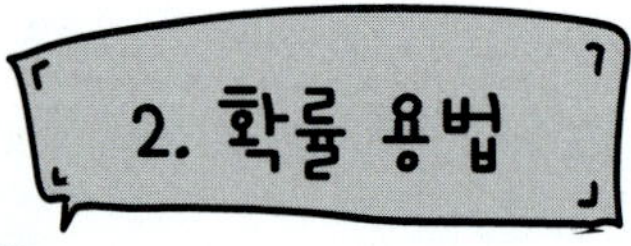

확률 표현은 주로 접속 형태가 출제된다. 하지만 부드러운 해석을 하기 위해서는 정확한 용법을 알지 못하면 안 되므로, 각각의 확률 표현을 빠짐없이 공부하도록 하자.

① 종류

확률 표현은 크게 7가지로 요약을 할 수가 있다.

1. 明日は雨が降る**はずです**。 내일은 틀림없이 비가 내릴 겁니다.

2. 明日は雨が降る**らしいです**。 내일은 틀림없이 비가 내릴 것 같습니다.

3. 明日は雨が降る**ようです**。 내일은 틀림없이 비가 내릴 듯 합니다.

위의 세 문장은 거의 틀림없이 비가 온다는 표현으로, 일본인들이 「はず・らしい・ようだ」를 사용하면 확률상으로 거의 100%라 생각하면 된다. 즉, 주관적인 개념과 객관적인 개념이 같이 들어 있다.

4. 明日は雨が降り**そうです**。 내일을 비가 내릴 것 같습니다.

「そうだ」는 동사ます형에 접속한다.

　☆ 동사ます형 – 동사의 활용에서 「ます」를 뺀 형태로 「行きます」에서 ます를 뺀 「行き」의 형태를 말한다.

5. 明日は雨が降る**みたいです**。 내일은 비가 내릴 것 같습니다.

「みたいだ」는 형용동사임에 주의하길 바란다. 단, 회화체에서는 「だ」를 생략하여 표현하기도 한다.

　예 水みたい(だ)。 물 같다

6. 明日は雨が降る**かもしれません**。 내일은 비가 내릴지도 모릅니다.

「かもしれない」는 동사의 기본형에 접속한다.

　☆ 동사기본형+かもしれない = 동사ます형+かねない

　　行くかもしれない = 行きかねない 갈지도 모른다

7. 明日は雨が降ると思います。 내일은 비가 내릴 것이라고 생각합니다.

「～と思う」앞에는「です·ます」로 끝나는 문형은 올 수 없다.

예 ① 山田さんは先生だと思います。(○) 야마다 씨는 선생님이라고 생각합니다.
　　 山田さんは先生ですと思います。(×)
　　② 山田さんは先生だろうと思います。(○) 야마다 씨는 선생님일 것이라고 생각한다 → 추측
　　 山田さんは先生でしょうと思います。(×)

위의 4, 5, 6, 7번 문장은 주관적인 개념만 들어있어서 확률이 낮다고 볼 수 있다.

* 「はず」는 확률표현 외에도 본인의 강력한 희망을 나타낼 때도 사용한다.

예 ワールドカップで韓国は優勝するはずだ。
　 월드컵에서 한국은 틀림없이 우승할 것이다.→ 본인의(팬들의) 강력한 희망(바램)

* 「らしい」는 명사에 붙어 '～답다'라는 의미로 쓰이기도 한다.

예 男らしい。 남자답다.
　 イ先生は先生らしい方です。 이 선생님은 선생님다운 분입니다.

② 접속 형태

1. はず

> ① 명사 + の + はずだ　　　② 형용동사 어간 + な + はずだ
> ③ 형용사 종지형 + はずだ　　　④ 동사 종지형 + はずだ

· 先生のはずだ。 틀림없이 선생님이다.
· 山田さんは親切なはずだ。 야마다 씨는 틀림없이 친절하다.
· おいしいはずだ。 틀림없이 맛있을 것이다.
· 雨が降るはずだ。 틀림없이 비가 올 것이다.

2. らしい

① 명사 ＋ らしい   ② 형용동사 어간 ＋ らしい
③ 형용사 종지형 ＋ らしい   ④ 동사 종지형 ＋ らしい

・先生らしい。 선생님답다, 선생님 같다.

・山田さんは親切らしい。 야마다 씨는 친절할 것 같다.

・おいしいらしい。 맛있을 것 같다.

・雨が降るらしい。 비가 올 것 같다.

3. ようだ

① 명사 ＋ の ＋ ようだ   ② 형용동사 ＋ な ＋ ようだ
③ 형용사 종지형 ＋ ようだ   ④ 동사 종지형 ＋ ようだ

・彼は先生のようだ。 그는 선생님 같다.

・山田さんは親切なようだ。 야마다 씨는 친절할 것 같다.

・おいしいようだ。 맛있을 것 같다.

・雨が降るようだ。 비가 올 것 같다.

4. そうだ

① 형용동사 어간 ＋ そうだ   ② 형용사 어간 ＋ そうだ
③ 동사 ます형 ＋ そうだ   ＊명사에는 접속하지 않는다.

・山田さんは親切そうだ。 야마다 씨는 친절한 것 같다.

・おいしそうだ。 맛있을 것 같다.

・雨が降りそうだ。 비가 올 것 같다.

* そうだの 특별 접속 형태

- いい → よさそうだ 좋을 것 같다

- ない → なさそうだ 없을 것 같다

- 동사ます형+そうもない(そうにない) ～할 것 같지도 않다.
  ㉠ 明日は雨が降りそうにない。 내일은 비가 내릴 것 같지도 않다.

5. みたいだ

> ① 명사 + みたいだ　　　　　② 형용동사 어간 + みたいだ
>
> ③ 형용사 종지형 + みたいだ　　　④ 동사 종지형 + みたいだ
>
> *회화체에서는「だ」를 생략할 수 있다.

- 彼は先生みたいだ。 그는 선생님 같다.
- 山田さんは親切みたいだ。 야마다 씨는 친절한 것 같다.
- そこの店はおいしいみたいだ。 그곳에 있는 가게는 맛있을 것 같다.
- 友だちも行くみたいだ。 친구도 갈 것 같다.

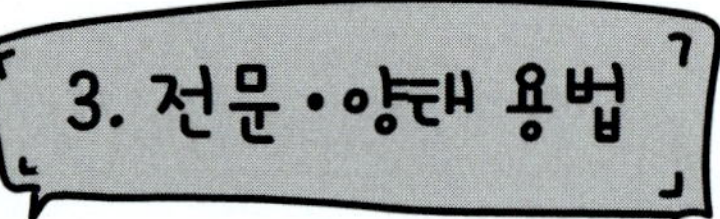

'전문'은 다른 사람이나 어떠한 자료나 근거를 바탕으로 다른 사람에게 전하는 것을 말하며, '양태'는 모양과 상태의 준말로서 상황이나 모습을 나타낸다.

① 전문

① 명사 + だ
② 형용동사 어간 + だ
③ 형용사 종지형
④ 동사 종지형

+ そうだ ～라고 한다

(01) 명사+だ+そうだ

- 山田さんは先生だそうです。 야마다 씨는 선생님이라고 합니다.

- 今日は水曜日だそうだ。 오늘은 수요일이라고 한다.

- 彼が持っているのは時計だそうです。 그가 들고 있는 것은 시계라고 합니다.

- 結婚式は来週だそうです。 결혼식은 다음 주라고 합니다.

(02) 형용동사 어간 + だ+そうだ

- 社長はとても親切だそうです。 사장님은 매우 친절하다고 합니다.

- 今度引っ越す家はきれいだそうです。 이번에 이사하는 집은 깨끗하다고 합니다.

- 彼の友だちは英語が上手だそうです。 그의 친구는 영어를 잘한다고 합니다.

- 山田さんは数学が苦手だそうだ。 야마다 씨는 수학을 싫어한다고 한다.

(03) 형용사 종지형 + そうだ

- 明日は寒いそうです。 내일은 춥다고 합니다.

- 思ったよりよかったそうだ。 생각보다 좋았다고 한다.

- 教室の中にもあつかったそうです。 교실 안에도 더웠다고 합니다.

- その川は深いそうだ。 그 강은 깊다고 한다.

④ 동사 종지형 + そうだ

- 先週まで雨がふ降ったそうです。 지난주까지 비가 내렸다고 합니다.

- 教授は今度のセミナーにもいらっしゃるそうです。 교수님은 이번 세미나에도 가신다고 합니다.

- 彼女一人で全部食べたそうだ。 그녀 혼자서 전부 먹었다고 한다.

- みんなで一緒に映画を見たそうだ。 모두 함께 영화를 보았다고 한다.

② 양태

① 형용동사 어간 ┐
② 형용사 어간   ├ + そうだ　〜할 것 같다, 〜인 것 같다
③ 동사 ます형 ┘

＊명사에는 접속할 수 없다.

① 형용동사 어간 + そうだ

- この町はきれいそうです。 이 마을은 깨끗할 것 같습니다.

- 京都は静かそうです。 교토는 조용할 것 같습니다.

- 彼女の話を聞いてみると、彼は英語が下手そうです。

  그녀의 이야기를 들어보면, 그는 영어를 못 할 것 같습니다.

- このパンは柔らかそうだ。 이 빵은 부드러울 것 같다.

② 형용사 어간 + そうだ

- やさしそうな方が私を見ていました。 마음씨 좋을 것 같은 분이 나를 보고 있었습니다.

- 軽そうなかばんだったが、重かったです。 가벼운 듯한 가방이었지만 무거웠습니다.

- 見た目でも広そうな家でした。 겉보기에도 넓을 것 같은 집이었습니다.

- テスト期間は短そうです。 시험 기간은 짧을 것 같습니다.

③ 동사 ます형 + だ + そうだ

- 今日も一雨降りそうです。 오늘도 한차례 비가 내릴 것 같습니다.

- 弟も明日の飲み会に行きそうです。 남동생도 내일 술자리에 갈 것 같습니다.

- もうすぐ桜の花も咲きそうだ。 이제 곧 벚꽃도 필 것 같다.

- みんなの話を聞いて、友達もやりそうだ。 모두의 이야기를 듣고, 친구도 할 것 같다.

✽ 주의해야 할 접속 방법

▶ いい → よさそうだ 좋을 것 같다

- 明日の天気はよさそうです。 내일 날씨는 좋을 것 같습니다.

▶ ない → なさそうだ 없을 것 같다

- 彼はお金がなさそうです。 그는 돈이 없을 것 같습니다.

▶ 동사ます형+そうもない · そうにない ~할 것 같지도 않다.

- 今日も彼は来そうもない。 오늘도 그는 올 것 같지도 않다.

- 友だちは会社を辞めそうにない。 친구는 회사를 그만둘 것 같지도 않다.

4. 가정 용법

가정표현은 그 범위가 상당히 넓다. 따라서 본 교재에서는 N4에서 다루는 가정형에 대해서만 언급하도록 하겠다.

① と

1) 당연한 일(「ば」로 대체 가능)

- ここをおすと、 ドアが開きます。 여기를 누르면, 문이 열립니다.
- あのかどを右にまがると、 ぎんこうが あります。 저 모퉁이를 돌면 은행이 있습니다.
- 信号があかだと、 わたれない。 신호가 빨간 불이면 건널 수 없다.

2) 습관적인 일

- 朝おきると、 はをみがきます。 아침에 일어나면 이를 닦습니다.
- 先生は学生がまちがえると、 すぐなおします。 선생님은 학생이 틀리면 바로 고칩니다.
- 私はコーヒーを飲まないと、 夜ねれません。 나는 커피를 마시지 않으면 밤에 못 잡니다.
- 仕事がいそがしいと、 なかなかつりに行けない。 일이 바쁘면 좀처럼 낚시하러 갈 수 없다.

3) 자연현상(「ば」로 대체 가능)

- 冬になるとさむいです。 겨울이 되면 춥습니다.
- 夏になるとあつい。 여름이 되면 덥다.

② ば

1) 당연한 일 · 일반적인 일 (「と」로 대체 가능)

- 春になれば、 花がさきます。 봄이 되면 꽃이 핍니다.
- ドアはボタンをおせば開きます。 문은 버튼을 누르면 열립니다.
- 日よう日は、 天気がよければ、 さんぽに出かけます。 일요일은 날씨가 좋으면, 산책하러 갑니다.
- たくさん食べれば、 太ります。 많이 먹으면 살 찝니다.

③ なら

1) 행위 전 + なら + 선택 · 권유 · 부탁

- テレビを買うなら、しんじゅくのほうが安くていいですよ。
  텔레비전을 산다면, 신주쿠 쪽이 싸고 좋습니다

- 日本へ行くなら、とうきょうのほうがいい。 일본에 간다면 도쿄 쪽이 좋다.

- 歌を歌うなら、むこうで歌ってください。 노래를 부른다면 저쪽에서 불러 주세요.

- たいふうが来るなら、家をなおしておかないと。 태풍이 온다면 집을 수리해 두지 않으면.(안 된다)

- 旅行に行くなら、おみやげを忘れないでね。 여행 간다면 선물을 잊지 않도록.

- 冬に旅行に行くなら、北海道がいちばんいい。 겨울에 여행 간다면, 홋카이도가 가장 좋다.

- かわいい妹さんがいるなら、しょうかいしてください。 귀여운 여동생이 있다면 소개해 주세요.

④ たら

1) 장래에 어떤 일이 일어나면,

① 그때 어떻게 할 것인가?

- あした雨がふったら、どうしますか。 내일 비가 오면 어떻게 하겠습니까?

② 어떻게 해 달라.

- かれが来たら、これをわたしてください。 그가 오면, 이것을 건네 주세요.

- 山田さんが来たら、かならず私に電話してください。 야마다 씨가 오면 반드시 나에게 전화해 주세요.

③ 어떻게 하겠다.

- 夏が来たら海へ行こうと思った。 여름이 오면 바다에 가려고 생각했다.

- いくらですか。高かったら、買いませんよ。 얼마입니까? 비싸면 안 삽니다.

확인문제 01

→ 정답 p.23

1 まどを　開ける（　）、ゆきが　ふって　いました。
　　1　で　　　　　　　2　は　　　　　　　3　に　　　　　　　4　と

2 きのう　あたまが　いたかった（　）、会社を　休みました。
　　1　ので　　　　　　2　だから　　　　　3　でも　　　　　　4　と

3 この　ペンは　あの　ペン（　）　書きやすいです。
　　1　ほう　　　　　　2　より　　　　　　3　ほどは　　　　　4　ように

4 これは　何（　）　いう　くだものですか。
　　1　を　　　　　　　2　が　　　　　　　3　も　　　　　　　4　と

5 じゅぎょうが　何時に　終わる（　）　教えて　ください。
　　1　が　　　　　　　2　か　　　　　　　3　を　　　　　　　4　の

6 いもうと（　）　私に　ばんごはんを　作って　くれました。
　　1　に　　　　　　　2　は　　　　　　　3　を　　　　　　　4　で

7 そこへは　行かない　こと（　）　しました。
　　1　を　　　　　　　2　が　　　　　　　3　は　　　　　　　4　に

8 あなたは　どんな　スポーツ（　）　できますか。
　　1　は　　　　　　　2　とか　　　　　　3　が　　　　　　　4　でも

9 おなかが　すいたら　パン（　）　食べて　ください。
　　1　が　　　　　　　2　に　　　　　　　3　まで　　　　　　4　でも

10 山田さんと　1時間（　）　話しました。
　　1　を　　　　　　　2　も　　　　　　　3　が　　　　　　　4　で

→ 정답 p.24

1 ここで　てんらんかいが　ある　（　　）を　知りませんでした。
1　こと　　　　　　　2　もの　　　　　　　3　はず　　　　　　4　ため

2 じゅぎょうの　時間が　何時（　　）　教えて　ください。
1　か　　　　　　　　2　と　　　　　　　　3　も　　　　　　　4　を

3 私は　友だち（　　）　たんじょうびの　プレゼントを　あげました。
1　で　　　　　　　　2　を　　　　　　　　3　が　　　　　　　4　に

4 かのじょと　うんどうするの（　　）　すきなんです。
1　に　　　　　　　　2　が　　　　　　　　3　で　　　　　　　4　を

5 この　アイスクリームは　すいかの　あじ（　　）　します。
1　を　　　　　　　　2　が　　　　　　　　3　に　　　　　　　4　で

6 先生は　やさしい（　　）、　ハンサムだから　人気が　あります。
1　と　　　　　　　　2　で　　　　　　　　3　に　　　　　　　4　し

7 そんなに　大きい　声、　出す（　　）。
1　なよ　　　　　　　2　だよ　　　　　　　3　ないか　　　　　4　だが

8 サチコさんが　ないて　いるけど、　どうした（　　）。
1　のだい　　　　　　2　かい　　　　　　　3　だい　　　　　　4　な

9 お父さんが　元気だ（　　）　いいんだけどね。
1　し　　　　　　　　2　なら　　　　　　　3　と　　　　　　　4　か

10 5時間（　　）　仕事を　したので、　つかれました。
1　と　　　　　　　　2　も　　　　　　　　3　を　　　　　　　4　に

→ 정답 p.24

1　むすこは　あした　試験（しけん）（　）、ぜんぜん　べんきょうして　いません。
　1　なので　　　　　2　だから　　　　　3　なのに　　　　　4　ながら

2　山田（やまだ）さんから　びょうきの　おみまい（　）花を　もらいました。
　1　が　　　　　　　2　を　　　　　　　3　に　　　　　　　4　へ

3　ドアの　そば（　）花が　きれいに　かざられて　いた。
　1　では　　　　　　2　には　　　　　　3　とは　　　　　　4　へは

4　私は　英語（えいご）が　できないので、日本語（にほんご）（　）話しました。
　1　に　　　　　　　2　の　　　　　　　3　が　　　　　　　4　で

5　どれ（　）おとうとが　使（つか）って　いる　じしょですか。
　1　は　　　　　　　2　を　　　　　　　3　が　　　　　　　4　で

6　山田さんは　会社から　遠（とお）い　ところ（　）住んで　います。
　1　で　　　　　　　2　へ　　　　　　　3　を　　　　　　　4　に

7　私の　国は　自動車（じどうしゃ）の　工業（こうぎょう）（　）さかんです。
　1　が　　　　　　　2　の　　　　　　　3　に　　　　　　　4　を

8　友だちは　ピアノも　ひける（　）、おどりも　上手です。
　1　で　　　　　　　2　と　　　　　　　3　も　　　　　　　4　し

9　のどが　かわいた（　）、ジュースを　飲（の）みました。
　1　と　　　　　　　2　に　　　　　　　3　ので　　　　　　4　のに

10　仕事（しごと）が　終わった　あとで、少（すこ）し　休んだ　ほう（　）いいですよ。
　1　は　　　　　　　2　が　　　　　　　3　に　　　　　　　4　と

→ 정답 p.25

1 この　カメラは　あたらしい（　　）、もう　こわれて　しまいました。
　　1　のに　　　　　　　2　から　　　　　　　3　ので　　　　　　　4　など

2 この　くつは　父から（　　）たんじょうびの　プレゼントです。
　　1　と　　　　　　　　2　へ　　　　　　　　3　に　　　　　　　　4　の

3 そうじを　して　いらないもの（　　）すてました。
　　1　だけ　　　　　　　2　しか　　　　　　　3　まで　　　　　　　4　ぐらい

4 この　本を　作るの（　　）3年　かかりました。
　　1　を　　　　　　　　2　に　　　　　　　　3　か　　　　　　　　4　と

5 友だちは　知らない　こと（　　）話して　いる。
　　1　までに　　　　　　2　ばかり　　　　　　3　しか　　　　　　　4　でも

6 山田先生（　　）まだ　会った　ことが　ありません。
　　1　では　　　　　　　2　にも　　　　　　　3　へは　　　　　　　4　には

7 おとうとが　これを　知って　いる（　　）どうか　わかりません。
　　1　か　　　　　　　　2　を　　　　　　　　3　が　　　　　　　　4　は

8 これは　かんたんですから　どんな　人（　　）できると　思いますよ。
　　1　では　　　　　　　2　でも　　　　　　　3　ほど　　　　　　　4　ぐらい

9 きのう　できた　店は　買い物を　する　きゃく（　　）こんで　いました。
　　1　に　　　　　　　　2　と　　　　　　　　3　を　　　　　　　　4　で

10 いもうとは　ギターも　できる（　　）、ピアノも　できる。
　　1　と　　　　　　　　2　し　　　　　　　　3　で　　　　　　　　4　に

→ 정답 p.25

1　学校を　休んだのは　じしんで　バスが　止まった（　　）です。
　1　ので　　　　　　　　2　のに　　　　　　　3　こと　　　　　　　4　から

2　西洋の　せいじに　きょうみ（　　）あります。
　1　が　　　　　　　　　2　を　　　　　　　　3　の　　　　　　　　4　で

3　今日なら　いつ（　　）時間が　あります。
　1　に　　　　　　　　　2　でも　　　　　　　3　で　　　　　　　　4　にも

4　この　おかしは　どこ（　　）買いましたか。
　1　を　　　　　　　　　2　で　　　　　　　　3　が　　　　　　　　4　の

5　電車が　おそく　来た（　　）、会社に　おくれました。
　1　のに　　　　　　　　2　ので　　　　　　　3　なので　　　　　　4　だから

6　私は　今まで　いちども　入院した　（　　）が　ありません。
　1　もの　　　　　　　　2　の　　　　　　　　3　こと　　　　　　　4　ところ

7　ゆうべは　4時間（　　）本を　読んで、目が　つかれました。
　1　と　　　　　　　　　2　が　　　　　　　　3　を　　　　　　　　4　も

8　ねつが　ある（　　）、あたまも　いたいから、かぜを　ひいた　ようです。
　1　と　　　　　　　　　2　が　　　　　　　　3　し　　　　　　　　4　で

9　小さい　車が　大きい　車の　ほう（　　）高い　ことも　あります。
　1　なら　　　　　　　　2　まで　　　　　　　3　より　　　　　　　4　から

10　かべに　え（　　）とけい（　　）が　かけて　あります。
　1　や／や　　　　　　　2　たり／たり　　　　3　とか／とか　　　　4　も／も

확인문제 01

→ 정답 p.26

1 かばんの　中に　英語（えいご）の　じしょが　（　　　）　います。
　1　入れて　　　　　　2　入って　　　　　　3　入れた　　　　　4　入った

2 しんじゅく駅へ　行きたいんですが、　どう　（　　　）　いいですか。
　1　行って　　　　　　2　行くなら　　　　　3　行くのは　　　　4　行けば

3 あたらしい　先生は　（　　　）そうな　かおでした。
　1　やさしい　　　　　2　やさしく　　　　　3　やさしくて　　　4　やさし

4 雨が　（　　　）つづけて、　どこへも　行きませんでした。
　1　ふった　　　　　　2　ふり　　　　　　　3　ふって　　　　　4　ふる

5 にくを　（　　　）まま、　まだ　食べて　ないです。
　1　やいた　　　　　　2　やく　　　　　　　3　やき　　　　　　4　やいて

6 いぬが　こうえんを　（　　　）を　見ました。
　1　走（はし）って　いるの　　　　　　　　2　走って　いる　こと
　3　走る　こと　　　　　　　　　　　　　4　走って　いる　もの

7 ストーブを　つけて　へやを　あたたかく　（　　　）。
　1　なりました　　　　2　いました　　　　　3　しました　　　　4　ありました

8 みんなが　（　　　）そうに　おどりはじめた。
　1　うれしい　　　　　2　うれし　　　　　　3　うれしく　　　　4　うれしくて

9 A　何か　飲みましょうか。
　B　はい。みんな　（　　　）。
　1　飲みたがって　います　　　　　　　　　2　飲みたいです
　3　飲みたかったです　　　　　　　　　　　4　飲みたがりました。

10 山田（やまだ）　それ、　木田さんの　カメラですか。　いい　カメラですね。
　　　木田（きだ）　ええ。　たんじょうびの　とき、　父が　私に　（　　　）んです。
　1　いただいた　　　　2　さしあげた　　　　3　くれた　　　　　4　もらった

→ 정답 p.27

1 だれか　この　漢字を　（　　　）　人は　いませんか。

1 知る　　　　　　　2 知って　　　　　3 知って　いる　　4 知りの

2 おとうとは　すいえいを　（　　　）がって　います。

1 ならいた　　　　　2 ならい　　　　　3 ならった　　　　4 ならって

3 しょうらいは　ここに　大きい　びょういんを　（　　　）　つもりです。

1 たてた　　　　　　2 たてる　　　　　3 たて　　　　　　4 たてようと

4 これは　（　　　）から、　すてないで　ください。

1 ひつようだ　　　　2 ひつよう　　　　3 ひつように　　　4 ひつようで

5 1時間も　早く　行ったのに、　山田さんは　もう　（　　　）。

1 来ます　　　　　　　　　　　　　2 来て　いました

3 来て　いません　　　　　　　　　4 来ません

6 あねは　私に　すうがくを　（　　　）。

1 教えて　なりました　　　　　　　2 教えて　しました

3 教えて　いただきました　　　　　4 教えて　くれました

7 あしたは　雨が　（　　　）だろう。

1 ふる　　　　　　　2 ふった　　　　　3 ふって　　　　　4 ふり

8 （　　　）　電話を　しても　だれも　出て　こなかった。

1 どこ　　　　　　　2 いくら　　　　　3 いくつ　　　　　4 どれぐらい

9 A 山田さん、　いい　ネクタイですね。

B はい。父から　たんじょうびに　（　　　）。

1 もらいました　　　　　　　　　　2 あげました

3 くれました　　　　　　　　　　　4 さしあげました

10 A 毎日　運動を　して　いますか。

B ええ。どんなに　（　　　）　します。

1 いそがしいと　　　　　　　　　　2 いそがしくても

3 いそがしくて　　　　　　　　　　4 いそがしいのに

→ 정답 p.27

1 この　へんは　（　　　）し、きたないので　へや代が　安いです。
　1　ふべんの　　　　　2　ふべんな　　　　　3　ふべん　　　　　4　ふべんだ

2 先生の　話に　よると、この　うみは　（　　　）そうです。
　1　きけん　　　　　　2　きけんな　　　　　3　きけんに　　　　4　きけんだ

3 山田さんは　（　　　）そうな　みかんを　持って　います。
　1　おいしい　　　　　2　おいし　　　　　　3　おいしく　　　　4　おいしくて

4 毎日　歌の　れんしゅうを　（　　　）　じょうずに　なりますよ。
　1　して　　　　　　　2　すれば　　　　　　3　しよう　　　　　4　しない

5 先生の　じゅぎょうは　（　　　）やすいです。
　1　わかる　　　　　　2　わかった　　　　　3　わから　　　　　4　わかり

6 社長は　いつ　おもどりに　（　　　）か。
　1　います　　　　　　2　します　　　　　　3　あります　　　　4　なります

7 あたらしい　時計を　買う　（　　　）に、デパートに　出かけました。
　1　もの　　　　　　　2　はず　　　　　　　3　ため　　　　　　4　こと

8 いそがしい　私のため、友だちが　とどけて　（　　　）。
　1　あげた　　　　　　2　くれた　　　　　　3　もらった　　　　4　くださった

9 A　だれと　来ましたか。
　B　りょうしんが　くうこうまて　（　　　）。
　1　送って　もらいました　　　　　　　　2　送って　あげました
　3　送って　くれました　　　　　　　　　4　送って　いただきました

10 A　山田先生は　（　　　）。
　B　さっき　お帰りに　なりました。
　1　いらっしゃいますか　　　　　　　　　2　ございますか
　3　なさいますか　　　　　　　　　　　　4　まいりますか

→ 정답 p.28

1 （　　　）　考えても　やくそくの　時間が　覚えられないです。

　1　どのぐらい　　　　2　いくら　　　　3　どうして　　　　4　いくつ

2 先生が　お書きに　なった　本は　もう　（　　　）。

　1　およみしました　　　　　　　　　2　およみに　なりました

　3　およまれしました　　　　　　　　4　よまれました

3 （　　　）　いいから　あそびに　来て　ください。

　1　いつでも　　　　2　いつも　　　　3　いつ　　　　4　いつか

4 おとうとが　あにの　りんごを　食べて　（　　　）。

　1　しまいました　　2　おきました　　3　ありました　　4　よりました

5 こちらの　パンの　ほうが　少し　（　　）　ございます。

　1　おやわらかい　　2　おやわらこう　　3　やわらかいで　　4　やわらかい

6 雨で　道が　（　　）から、うんてんに　気を　つけて　ください。

　1　すべりやすい　　　　　　　　　　2　すべりらしい

　3　すべりたがる　　　　　　　　　　4　すべりようだ

7 山田は　今　出かけて　（　　　）。

　1　いらっしゃいます　2　ございます　　3　なさいます　　　4　おります

8 これから　あなたの　しょうらいに　ついて　（　　　）。

　1　考えようだ　　　　　　　　　　　2　考えみたい

　3　考えなさい　　　　　　　　　　　4　考えことだ

9 山田　きのう、おとうとに　じこが　ありました。

　木田　それは　（　　　）ね。

　1　しつれいします　　　　　　　　　2　いけません

　3　かしこまりました　　　　　　　　4　おげんきで

10 A　今日は　とても　あついですね。

　　B　（　　　）。ビールでも　飲みましょうか。

　1　そうですね　　2　いいですね　　3　そうですよ　　4　いいですよ

→ 정답 p.28

1　子どもは　かぜを　ひいたのに　くすりを　（　　　）　ねて　しまった。
1　飲まずに　　　　　2　飲まずで　　　　　3　飲まなくて　　　　4　飲まなしで

2　だれが　悪い　ことを　したのか　わからないから　（　　　）　だめだよ。
1　おこるは　　　　　2　おこった　　　　　3　おこっちゃ　　　　4　おこって

3　足が　いたくて　（　　　）が、せきが　なかった。
1　すわりに　した　　　　　　　　　　　2　すわろうと　した
3　すわったと　した　　　　　　　　　　4　すわろうに　した

4　その　本の　（　　　）に　おどろいた。
1　おもしろい　　　　2　おもしろく　　　　3　おもしろくて　　　4　おもしろさ

5　いそいで　いるから　早く　決め（　　　）。
1　なくては　いけません　　　　　　　　2　ないでは　いけません
3　なくては　すみません　　　　　　　　4　ないでは　すみません

6　さいきん、あたたかく　なって　（　　　）ね。
1　きました　　　　　2　いました　　　　　3　おきました　　　　4　いきました

7　このあいだ、山田さんが　自動車を　（　　　）らしいです。
1　かえよう　　　　　2　かえ　　　　　　　3　かえた　　　　　　4　かえる

8　電車に　かばんを　わすれて　（　　　）
1　しまいました　　　2　ありました　　　　3　おきました　　　　4　みました

9　A　お待たせしました。
　　B　いいえ、私も　今　（　　　）。
1　来る　ところです　　　　　　　　　　2　来る　はずです
3　来た　ところです　　　　　　　　　　4　来た　はずです

10　山田　木田さん、げんきに　なりましたね。
　　木田　はい、（　　　）。
1　おかげさまで　　　　　　　　　　　　2　おかげで
3　ごしんぱいなく　　　　　　　　　　　4　ごえんりょなく

Part 3
もんだい2 대비 집중 훈련

1. 문제 풀이 방법
2. 확인 문제

N4 수준에서 이 파트의 문제를 푸는 방법은 두 가지만 알아두도록 하자.

1. 단어 + 조사 + 서술어의 문장구조를 이해하자.

会社へ　行く 회사에 가다
단어　조사　서술어

仕事が　忙しい 일이 바쁘다
단어　조사　서술어

かれに　頼む 그에게 부탁하다
단어　조사　서술어

かのじょは　しない 그녀는 하지 않는다
단어　조사　서술어

위의 예문으로 문제를 만들어 보면,

예제

[1] さいきん、＿＿＿ ＿＿＿ ＿★＿ ＿＿＿ 行くほどだ。

1 いそがしくて　　2 会社へ　　　　3 にちようびも　　4 しごとが

✓ 3

さいきん、　しごとが　いそがしくて　にちようびも　会社へ　行くほどだ。
최근에 일이 바빠서 일요일도 회사에 갈 정도이다.

↝ さいきん 최근　しごと 일　いそがしい 바쁘다　にちようび 일요일

먼저 보기에 있는 단어 + 조사를 찾으면 보기 2번, 3번, 4번이다. 보기 2번과 어울리는 서술어는 밑줄의 오른쪽에 있는 行く이고, 보기 4번과 어울리는 서술어는 보기 1번의 いそがしい이다. 그리고 나머지 보기의 3번은, 문장을 해석하고 나서 적당한 위치에 삽입하면 된다. 이처럼 이 파트에서는 단어 + 조사 + 서술어라는 문장구조가 문제를 푸는 키워드라는 것을 알아두도록 하자.

2. 품사의 연결고리를 이해하자.

즉, 「명사 + の + 명사」 「형용사 + 명사」 「형용동사 + な + 명사」 「동사 + 명사」를 말하는 것이다.

会社 の もの 회사의 물건
명사　　　명사

いそがしい 毎日 바쁜 매일
형용사　　　명사

たいへん な こと 힘든 일
형용동사　　명사

のまない 人 마시지 않는 사람
동사　　명사

위의 예문으로 문제를 만들어 보면,

② いくら ＿＿＿ ＿＿＿ ＿★＿ ＿＿＿ がんばります。

　1 さいごまで　　　2 あっても　　　3 ことが　　　4 たいへんな

✓ 2

いくら　たいへんな　ことが　あっても　さいごまで　がんばります。

아무리 힘든 일이 있어도 끝까지 열심히 하겠습니다.

〰 いくら 아무리　たいへんだ 힘들다, 큰일이다　さいご 마지막, 끝　がんばる 열심히 하다, 힘내다

우선, 1번의 단어 + 조사 + 서술어에서 보기 3번 ことが는 보기 2번의 서술어 あっても와 어울린다. 그리고 보기 4번 たいへんな 는 형용동사이므로 명사인 보기 3번에 접속이 되는 것을 알 수 있다. 따라서 たいへんな ことが あっても라는 문장이 성립된다. 남아있는 보기 1번을 적당히 문장에 대입하면 정답을 찾을 수 있을 것이다. 이처럼 아주 기본적인 문장구조만 이해를 해도 그렇게 어렵지 않다는 것을 알 수 있을 것이다.

→ 정답 p.29

1 みなさん、＿＿＿ ＿＿＿ ★ ＿＿＿ です。

　　1　今日の　　　　　2　まで　　　　　　3　3時　　　　　4　かいぎは

2 じしん ＿＿＿ ＿＿＿ ★ ＿＿＿ に　入った。

　　1　ビルが　　　　　2　で　　　　　　　3　つくえの　下　　4　ゆれて

3 山田さん、＿＿＿ ＿＿＿ ★ ＿＿＿ でも　いかがですか。

　　1　いっしょに　　　2　あったら　　　　3　こうちゃ　　　4　じかんが

4 ここで ＿＿＿ ＿＿＿ ★ ＿＿＿ はじめて　しった。

　　1　しあいが　　　　2　ひらかれる　　　3　のを　　　　　4　やきゅうの

5 本を ＿＿＿ ＿＿＿ ★ ＿＿＿ かして　もらった。

　　1　ので　　　　　　2　わすれて　　　　3　友だちに　　　4　きた

→ 정답 p.29

1 かれは　私の ____ __★__ ____ ____ くれました。
　　1　花を　　　　　　　2　うつくしい　　　3　たんじょうび　　4　に

2 山田さんが ____ __★__ ____ ____ 聞いた　ことが　ありません。
　　1　つれて　　　　　　2　名前は　　　　　3　きた　　　　　　4　人の

3 いもうとは　いつも ____ __★__ ____ ____ います。
　　1　思い出して　　　　2　大学の　　　　　3　ばかり　　　　　4　とき

4 まどの ____ __★__ ____ ____ 見えます。
　　1　子どもが　　　　　2　いるのが　　　　3　あそんで　　　　4　外で

5 ふうとう ____ __★__ ____ ____ 書いて　ください。
　　1　お名前　　　　　　2　じゅうしょと　　3　を　　　　　　　4　に

→ 정답 p.30

1 まどが ＿＿＿ ＿＿＿ ★ ＿＿＿ はずです。

  1 いる　　　　2 あいて　　　　3 いえに　　　　4 いるから

2 だいどころ ＿＿＿ ＿＿＿ ★ ＿＿＿ 行って　みた。

  1 へんな　　　2 で　　　　　3 して　　　　　4 おとが

3 この　かばんは ＿＿＿ ＿＿＿ ★ ＿＿＿ のに　べんりです。

  1 もって　　　2 より　　　　3 あるく　　　　4 ほかの

4 たくさん ＿＿＿ ＿＿＿ ★ ＿＿＿ ラーメンを　食べた。

  1 のに　　　　2 おなかが　　　3 食べた　　　　4 すいて

5 私も ＿＿＿ ＿＿＿ ★ ＿＿＿ なったんです。

  1 やっと　　　　　　　　　　　2 ことに

  3 行く　　　　　　　　　　　　4 パーティーに

→ 정답 p.30

1 みんな ＿＿＿ ★ ＿＿＿ ＿＿＿ あなただけ　来なかったの。
   1　おわって　　　　　2　どうして　　　　　3　きたのに　　　　　4　仕事が

2 ひきだし ＿＿＿ ★ ＿＿＿ ＿＿＿ 入って　います。
   1　には　　　　　　　2　とか　　　　　　　3　ノート　　　　　　4　本とかが

3 私の ＿＿＿ ★ ＿＿＿ ＿＿＿ 高く　ない。
   1　カメラ　　　　　　2　山田さんの　　　　3　ほど　　　　　　　4　カメラは

4 ちょっと ＿＿＿ ★ ＿＿＿ ＿＿＿ から　待って。
   1　デパート　　　　　2　まで　　　　　　　3　くる　　　　　　　4　行って

5 かれは　ひとりで ＿＿＿ ★ ＿＿＿ ＿＿＿ また　お腹が　すいたと　言う。
   1　食べたのに　　　　2　りんごを　　　　　3　も　　　　　　　　4　いつつ

→ 정답 p.30

1　昨日 ＿＿＿ ＿＿＿ ＿★＿ ＿＿＿ こわされた。
　　1　買った　　　　　2　ラジオを　　　　　3　友だちに　　　　4　あたらしく

2　あしたの ＿＿＿ ＿＿＿ ＿★＿ ＿＿＿ いいですか。
　　1　これを　　　　　2　行かなくても　　　3　パーティーに　　　4　持って

3　毎日 ＿＿＿ ＿＿＿ ＿★＿ ＿＿＿ はずだよ。
　　1　てんは　　　　　　　　　　　　　　　2　あがる
　　3　テストの　　　　　　　　　　　　　　4　べんきょうすれば

4　お母さんは　むすめ ＿＿＿ ＿＿＿ ＿★＿ ＿＿＿ を　勉強させた。
　　1　しょうらいの　　2　に　　　　　　　3　ために　　　　　　4　英語

5　先生の ＿＿＿ ＿＿＿ ＿★＿ ＿＿＿ うみだったそうです。
　　1　よると　　　　　2　話に　　　　　　3　ここの　　　　　　4　どうろは

→ 정답 p.31

1　来年　日本へ ＿＿＿＿ ＿★＿ ＿＿＿＿ ＿＿＿＿ お金が　ない。
　　1　りゅうがく　　　　2　思って　いるが　　3　に　　　　　　　4　行こうと

2　かれは　今日も ＿＿＿＿ ＿★＿ ＿＿＿＿ ＿＿＿＿ かもしれない。
　　1　来なかったので　2　かぜ　　　　　　　3　学校　　　　　4　に

3　これ ＿＿＿＿ ＿★＿ ＿＿＿＿ ＿＿＿＿ おしえて　ください。
　　1　作りかた　　　　2　を　　　　　　　　3　みんなに　　　4　の

4　先週から ＿＿＿＿ ＿★＿ ＿＿＿＿ ＿＿＿＿ なった。
　　1　よみすぎて　　　　2　目が　　　　　　　3　本を　　　　　4　いたく

5　この ＿＿＿＿ ＿★＿ ＿＿＿＿ ＿＿＿＿ とても　広いです。
　　1　アパートは　　　　2　に　　　　　　　　3　うえ　　　　　4　べんりな

→ 정답 p.31

1 私が ＿＿＿ ＿＿＿ ★ ＿＿＿ いい。
1　行かない　　　　　　　　　　　2　あなたは
3　ほうが　　　　　　　　　　　　4　行きますから

2 カーテンを ＿＿＿ ＿＿＿ ★ ＿＿＿ ふって　いた。
1　と　　　　　2　しろい　　　　　3　ゆきが　　　　　4　あける

3 卒業の ＿＿＿ ＿＿＿ ★ ＿＿＿ くれた。
1　おくって　　　　2　おいわい　　　　3　で　　　　　4　本を

4 きのう、＿＿＿ ＿＿＿ ★ ＿＿＿ 友だちは　きょうは　ねむい　はずだ。
1　まで　　　　　2　のんだから　　　　3　おさけを　　　　4　おそく

5 勉強 ＿＿＿ ＿＿＿ ★ ＿＿＿ 友だちに　来られた。
1　しよう　　　　2　とき　　　　　3　した　　　　　4　と

→ 정답 p.31

1 ぶんがくの ＿＿＿＿ ＿★＿ ＿＿＿＿ ＿＿＿＿ 忘れて　いた。

　1　しゅくだいが　　　2　の　　　　　　　3　を　　　　　　　4　あった

2 私は ＿＿＿＿ ＿★＿ ＿＿＿＿ ＿＿＿＿ おしえて　あげた。

　1　まよっている　　　2　みちを　　　　　3　おばあさんに　　4　みちに

3 かど ＿＿＿＿ ＿★＿ ＿＿＿＿ ＿＿＿＿ はしが　あります。

　1　まがると　　　　　2　右へ　　　　　　3　を　　　　　　　4　おおきな

4 来週から ＿＿＿＿ ＿★＿ ＿＿＿＿ ＿＿＿＿ なりました。

　1　行く　　　　　　　2　しゅっちょうに　3　外国へ　　　　　4　ことに

5 明日の ＿＿＿＿ ＿★＿ ＿＿＿＿ 言って　ください。

　1　あつまりに　　　　2　来る　　　　　　3　ように　　　　　4　山田さんも

→ 정답 p.32

1 　図書館へ ＿＿＿ ＿＿＿ ★ ＿＿＿ かえしに　行きます。
　 1　本を　　　　　　　2　レポートの　　　3　かりた　　　　　4　ため

2 　外 ＿＿＿ ＿＿＿ ★ ＿＿＿ かさを　かった。
　 1　出ると　　　　　　2　に　　　　　　　3　ふっていて　　　4　あめが

3 　サチコさんが ＿＿＿ ＿＿＿ ★ ＿＿＿ しっぱいした。
　 1　料理を　　　　　　2　作ったのに　　　3　くれた　　　　　4　おしえて

4 　おとうとは ＿＿＿ ＿＿＿ ★ ＿＿＿ すぐ　ねた。
　 1　ごはんを　　　　　2　みがかないで　　3　食べおわると　　4　はも

5 　私は　いつも ＿＿＿ ＿＿＿ ★ ＿＿＿ 読みます。
　 1　しんぶんを　　　　2　前に　　　　　　3　行く　　　　　　4　会社へ

→ 정답 p.32

1 せんぱいの ＿＿＿ ★ ＿＿＿ ＿＿＿ しれない。
1　さいふは　　　　2　くろいの　　　　3　かも　　　　4　あの

2 先生が ＿＿＿ ★ ＿＿＿ ＿＿＿ 飲みながら　待ちましょう。
1　いらっしゃるまで　　　　　　　2　時間が
3　コーヒーでも　　　　　　　　　4　あるから

3 今日は ＿＿＿ ★ ＿＿＿ ＿＿＿ じゃなければ　いつでも　いいですよ。
1　なくて　　　　2　時間が　　　　3　だめですが　　　　4　今日

4 はれる ＿＿＿ ★ ＿＿＿ ＿＿＿ ことが　できます。
1　ここから　　　　2　ふじ山を　　　　3　日は　　　　4　見る

5 たいへんな ＿＿＿ ★ ＿＿＿ ＿＿＿ すってばかり　いる。
1　あったのか　　　　2　たばこを　　　　3　お父さんは　　　　4　ことが

Part 4
もんだい3 대비 집중 훈련

1. 단문 연습 문제 25

2. 확인문제

실전문제를 풀기 전에 우선 단문으로 연습을 해 보자. N4수준의 학습자가 바로 장문의 공란 메우기를 풀기는 쉽지 않다. 문장 구조에 대한 이해가 부족한 경우, 단문을 통한 충분한 연습으로, 문장에 대한 이해와 문장 해석 능력을 키울 수 있으므로, 실전문제를 풀기 전에 다른 단문과 대화문으로 연습을 하도록 한다. 충분한 연습과 훈련이 되어 있으면, 어떤 유형으로 문제가 출제되어도 정답을 찾는 데는 어렵지 않을 것이다. 다음의 문제는 단문과 대화문으로 구성되어 있는데 반드시 학습자 본인의 것으로 만들고 나서 실전문제로 넘어가도록 하자.

→ 정답 p.33

1 自転車に　乗った　中学生（　　　）　来た。

　1　に　　　　　　2　を　　　　　　3　の　　　　　　4　が

2 母は　おやつ（　　　）　つくって　くれました。

　1　を　　　　　　2　が　　　　　　3　に　　　　　　4　の

3 一週間（　　　）　1かいは　かいぎが　あります。

　1　で　　　　　　2　の　　　　　　3　に　　　　　　4　が

4 イベント（　　　）　友だちと　行きます。

　1　に　　　　　　2　から　　　　　3　より　　　　　4　を

5 昔は　ここに　レストラン（　　　）　ありませんでした。

　1　と　　　　　　2　を　　　　　　3　は　　　　　　4　に

6 赤ちゃんの　せわは　私が　しますから　（　　　）　出かけて　ください。

　1　安心だ　　　　　　　　　　　　　2　安心する
　3　安心で　　　　　　　　　　　　　4　安心して

7 昨日 （　　　　） ところを　もう　一度　ふくしゅうしました。

1　まちがえる　　　　　　　　　　　2　まちがい

3　まちがう　　　　　　　　　　　　4　まちがった

8 今年は　一キロ　（　　　　）　ように　なりたいです。

1　およぎで　　　　2　およいで　　　　3　およげる　　　　4　およぎ

9 さっき、食事を　（　　　　）ばかりなので、　おなかが　いっぱいです。

1　する　　　　　　　　　　　　　　2　して　いた

3　した　　　　　　　　　　　　　　4　して　いる

10 この　映画を　見たいのですが、　どこに　（　　　　　）。

1　行けば　いいですか　　　　　　　2　見られますか

3　見れば　いいですか　　　　　　　4　行けますか

11 A　さいきん、　しごとは　どうですか。

　　　B　（　　　　　）。

1　おかげさまで　わるく　なりました

2　休みが　ぜんぜん　とれないです

3　これから　行こうと　思います

4　やっと　会社に　行きました

12 A　らいしゅう、　おじゃましても　いいですか。

　　　B　（　　　　　）。

1　そうですよ　　　　　　　　　　　2　ごちそうさまでした

3　かしこまりました　　　　　　　　4　もちろんです

13 A 新しい　じむしょの　じゅうしょは　どちらですか。
　 B （　　　　　　）。

　 1　こちらも　そうです
　 2　ここに　書いた　そうです
　 3　ここに　書いて　ありますよ
　 4　ここに　書いて　ください

14 A エレベーターが　こしょうです。
　 B （　　　　　　）。

　 1　すぐ　なおしました
　 2　こうばんに　電話して　ください
　 3　かいだんを　のぼりましょう
　 4　こしょうは　あまり　よくないです

15 A おそく　なったので　はしって　学校へ　行きました。
　 B （　　　　　）。

　 1　じこでも　あったんですか
　 2　電車の　ほうが　よかったのに
　 3　はやく　おきましたね
　 4　ジョギングは　からだに　いいですよ

16 A じしんの　ニュースを　聞いて　びっくりしました。
　 B じしんが　あったんですか。
　 A （　　　　　）。

　 1　ええ、ビルも　ゆれましたよ
　 2　ええ、すばらしかったですよ
　 3　ええ、とても　いい　ニュースでした
　 4　ええ、友だちも　いました

17　A　へやが　さむくて　かぜを　ひいて　しまいました。

　　B　（　　　　　）。

　　A　それで　今日は　会社に　行かずに　休んで　います。

　　1　かさを　持って　いったら　よかったのに

　　2　ストーブを　つけたら　よかったのに

　　3　ごはんを　たべたら　よかったのに

　　4　かぎを　かけたら　よかったのに

18　A　2階の　まどは　ぜんぶ　しめて　ありましたか。

　　B　ええ、さっき　山田さんが　しめましたから　だいじょうぶです。

　　A　（　　　　　）。

　　1　でも、もう　一度　しらべて　ください

　　2　まどが　こわれて　いたんですか

　　3　まどの　そばに　何か　ありましたか

　　4　わかりました。すぐ　なおします。

19　A　サチコさんは　もう　けっこんして　いますか。

　　B　いいえ、（　　　　　）。

　　A　もう　33さいでしょう。

　　1　けっこんしませんでした　　　　　　　　2　けっこんしました

　　3　まだ　ひとりです　　　　　　　　　　　4　子どもも　います

20　A　きかいが　うごかないんです。

　　B　それじゃ、この　あおい　ボタンを　おして　みて　ください。

　　A　（　　　　　）。

　　1　はい、まだ　きかいは　ありますね

　　2　ボタンは　右の　ほうに　ありますよ

　　3　あ、はい。あおい　きかいですね

　　4　あ、うごいた。ありがとう　ございます

21 A わたなべさん、わたなべさん、いますか。

B あ、（　　　　　）。

A ほんとうだ。　じゃ、　いませんね。

B ええ、また　あとで　来ましょう。

1 でんきが　つけて　ありますよ

2 へんな　音が　しますよ

3 かぎが　かかって　いますよ

4 みんな　見て　いますよ

22 A 今週の　にちようび、うちへ　あそびに　来ませんか。

B はい、今週の　にちようびですね。

A おさけは　飲めますか。

B （　　　　　）。

1 ぎゅうにくは　食べられますが、ぶたにくは　食べられません。

2 ビールは　飲めますが、ウイスキーは　飲めません。

3 りんごは　食べられますが、みかんは　食べられません。

4 やさいは　食べられますが、にくは　食べられません。

23 A おひさしぶりですね。

B ええ。

A どこかで　おちゃでも　飲みながら　話しましょう。

B じゃ、（　　　　　）。

1 あの　コーヒーショップに　入りましょう

2 あそこの　スーパーへ　行きましょう

3 はやく　かえりましょう

4 ほかの　人に　電話しましょう

24 A 来週、国へ　かえります。いろいろ　おせわに　なりました。

B いいえ。

A 国へ　かえったら、自動車の　会社で　はたらく　つもりです。

B そうですか。（　　　）。

1 私も　はたらきます

2 それは　いけませんね

3 ごちそうさまでした

4 がんばって　ください。

25 A 山田さんは、いつ　アメリカへ　行きますか。

B 今月の　おわりに　行く　よていです。

A （　　　）。

B 1週間の　よていです。

1 いくら　かかりますか

2 おいくつですか

3 どのくらい　いるんですか

4 いつですか

➜ 정답 p.35

　日本では、ゴミを　捨てるのが　とても　たいへんです。もえる　ゴミとか、もえない　ゴミとか、ビンとか、新聞とか、いろんな　種類が　あって、ぜんぶ　分けなければ　なりません。そこに　住んで　いる　住民でも　たまに　　1　　。ですから、外国人の　わたし　　2　　もっと　たいへんなのが　あたりまえです。

　日本に　来た　ばかりの　ときは　漢字も　あまり　知らなかったので、けいじばんに　ゴミの　捨て方が　書いて　あっても　　3　　読めなかったので　よう日を　まちがえたり　したのです。今は　漢字が　読めるので　問題ないですが…。

　私の　国では、そんなに　分けなくても　いいので　簡単です。それに、日本では　住んで　いる　ところに　よって、ゴミの　分け方が　　4　　。ですから、引っ越しを　すると、また　そこの　分け方を　覚えなければ　なりません。さいしょは　とても　たいへんだったんですが、今は　ゴミは　分けて　捨てた　ほうが　いいと　思います。それが　自然に　やさしいですから。ですが、日本中　　5　　同じ　分け方に　したら　いいと　思います。そうすると、引っ越しをしても　同じ　やりかたで　ゴミを　捨てれば　いいでしょう。

|1| 1　すてたり　します　　　　　2　まちがったり　します
　　3　分けたり　します　　　　　4　もえたり　します

|2| 1　には　　　　　2　とは　　　　　3　で　　　　　4　も

|3| 1　そのように　　　2　こんなに　　　3　ここが　　　4　それが

|4| 1　おなじです　　　　　　　　　2　かんたんです
　　3　ちがいます　　　　　　　　　4　ふくざつです

|5| 1　いつでも　　　2　どこでも　　　3　どちらでも　　　4　どなたでも

イーさんは　結婚して　います。結婚した　あとも　会社に　通って　います。

イー　　しつれいですが、サチコさんは　大学生ですか。

サチコ　いいえ、私は　もう　学生じゃ　ありません。おととし　そつぎょうして、今は　ぼうえき会社に　つとめて　います。

イー　　まだ　一人ですか。

サチコ　いいえ、きょねん　　 1 　　。

イー　　そうですか。子どもは　いますか。

サチコ　子どもは　いないんですが、いえの　仕事を　しながら　会社に　つとめる　のが　　 2 　　。

イー　　そうですね。毎日　うちへ　帰るのは　おそいんですか。

サチコ　ええ。だいたい　8時か　9時ごろに　なります。

イー　　じゃ、ご主人も　そうじや　ごはんを　つくったり　しますか。

サチコ　いいえ、主人は　そうじや　ごはんを　つくる　　 3 　　きらいなんです。主人も　会社に　つとめて　いますけど、少しは　　 4 　　。

イー　　でも、せんたくぐらいは　やって　くれますね。

サチコ　いいえ、せんたくも　ぜんぜん　して　くれないです。全部　　 5 　　。

イー　　とても　たいへんですね。

1 　1　結婚して　いません　　　　　2　結婚して　います
　　3　結婚しました　　　　　　　　4　結婚しませんでした

2 　1　とても　いいです　　　　　　2　とても　やくに　たちます
　　3　とても　たのしみです　　　　4　とても　たいへんです

3 　1　のも　　　　2　には　　　　3　のに　　　　　　　4　のが

4 　1　てつだって　ほしいですね　　2　がんばりますね
　　3　つかれますね　　　　　　　　4　うごきますね

5 　1　てつだいます　　　　　　　　2　二人が　するんですよ
　　3　私が　するんですよ　　　　　4　主人が　するんですよ

→ 정답 p.36

日本語の　中には　敬語が　あります。敬語とは　学生が　先生に　話を　する
ときに　使ったり、若い　人が　　1　　に　話を　する　ときに　使ったりする
ていねいな　ことばです。友だちと　話す　ときの　言い方とは　ちがうのです。
　　2　　、「食べます」の　敬語は　「召し上がります」と　言います。これは　ふ
つうの　言い方と　敬語が　ぜんぜん　違う　かたちの　場合です。

　この　ほかに、「ます」の　代わりに　「られます」を　使う　言い方が　ありま
す。さっきの　「食べます」は　「　　3　　」と　言います。つまり　先生に　食事の
時間を　聞きたい　ときは、何時に　ご飯んを　「召し上がりますか」と　聞いても
いいし、何時に　ご飯を　「食べられますか」と　聞いても　かまいません。でも、
さいきん　まちがった　言い方を　する　人が　ふえて　います。たとえば、先生
は　何時に　ご飯を　召し上がられますか」と　聞く　人です。これは　敬語を
　　4　　使って　いて、とても　ていねいな　言い方の　ようにも　聞こえますが、
文法が　ただしく　ないので、ぜんぜん　ていねいでは　ありません。この　敬語
　　5　　外国人に　とっては　とても　むずかしい　そうです。とくに、せいよう
人の　場合、もっと　むずかしい　そうです。それは　だいたいの　せいよう人が
使って　いる　英語には　敬語が　ないからでしょう。みなさんは　ただしい　文法
で　敬語を　使って　くださいね。

1　1　友だち　　　　　　　　　　　　2　おとうと
　　3　いろんな　人　　　　　　　　　4　年を　とった　人

2　1　ところが　　　2　やっぱり　　　　3　たとえば　　　　4　いつでも

3　1　食べられます　　　　　　　　　　2　食べるられます
　　3　食べられますです　　　　　　　　4　食べれます

4　1　ただしく　　　2　二つ　　　　　　3　わるく　　　　　4　あちこち

5　1　を　　　　　　　　2　に　　　　　　3　は　　　　　　　4　で

→ 정답 p.??

いけだ　おかださん、｜＿＿1＿＿｜　この　きかいを　使_{つか}いますか。

おかだ　これですか。はじめに　右_{みぎ}の　ほうに　ある　スイッチを　入_いれて、つぎに　この　あおい　ボタンを　おすと　動_{うご}きます。

いけだ　かんたんですね。先週_{はい}　入った　ばかりの　きかいだったので、その　使いかたが　わからないんです。

おかだ　そうですか。で、もし　使って　いる　とき、この　あかい　ランプが　ついたら、すぐ　｜＿＿2＿＿｜。こしょうですから。

いけだ　こしょうの　ときは　どう　したら　いいですか。

おかだ　まず、スイッチを　チェックして　ください。それに　問題_{もんだい}なかったら　まん中_{はか}に　ある　ボタンを　｜＿＿3＿＿｜。

いけだ　こしょうの　ばあい、まん中の　ボタンは　どう　なりますか。

おかだ　あかく　なったり、あおく　なったりします。

いけだ　そうですか。その　ときは　どう　しますか。

おかだ　わたしを　よびに　来て　ください。こしょうの　げんいんを　しらべなければ　ならないですから。

いけだ　｜＿＿4＿＿｜。

おかだ　でも、気_きを　つけて　使うと　こしょうする　｜＿＿5＿＿｜。

いけだ　わかりました。

｜1｜　1　どう　やって　2　どんなに　　　3　どれほど　　　　4　どれくらい

｜2｜　1　とめないで　ください　　　　　　2　とまって　ください
　　　3　やめます　　　　　　　　　　　　4　とめて　ください

｜3｜　1　こわれて　ください　　　　　　　2　こわして　ください
　　　3　しらべて　ください　　　　　　　4　くらべて　ください

｜4｜　1　やっぱり　かんたんですね　　　　2　やっぱり　むずかしい　きかいですね
　　　3　やっぱり　あたまが　いいですね　4　やっぱり　おもしろいですね

｜5｜　1　はずは　ありません　　　　　　　2　つもりは　ありません
　　　3　ひつようは　ありません　　　　　4　よていは　ありません

3장 독해

Part 1
분석 및 대책

1. 독해의 문제 구성

2. 문제 유형 맛보기

3. 독해의 워밍업

1. 독해의 문제 구성

단문 독해 → 중문 독해 → 정보 검색 순으로 출제된다.

그럼, 문제 유형별 구성과 특징을 상세히 알아보자.

01 단문 독해-내용 이해(4문제)

생활이나 일, 직업 등의 다양한 주제를 다룬 설명문이나 지시문을 읽고 내용을 이해하는가를 묻는 문제가 출제된다. 지문의 길이는 약 100~200자 정도의 분량이고, 지문은 4개이며, 각 지문별로 1개의 문제가 출제된다.

02 중문 독해-내용 이해(4문제)

비교적 평이한 수준의 평론, 해설, 에세이 등을 읽고 인과관계나 이유, 또는 개요나 필자의 생각 등을 이해하는가를 묻는 문제가 출제된다. 1개의 지문에 4개의 문제가 출제된다. 지문의 길이는 450자 정도의 분량이다.

03 정보 검색-내용 이해(2문제)

광고, 팸플릿, 정보지, 비즈니스 문서 등의 글에서 필요한 정보를 찾아내는 문제가 출제되는데, 쉽게 말하면 일상 생활에서 흔히 볼 수 있는 전단지나 알림문 등이 전하는 정보에 대해 묻는 문제다.
광고, 팸플릿, 정보지, 비즈니스 문서 등은 모든 사람에게 전달할 내용을 담고 있으므로 비교적 평이한 문장으로 구성된 경우가 많다. 1개의 지문에 2문제가 출제된다.

문제	출제 의도	변형 정도	문항 수	목표
問題4	내용 이해 (단문)	○	4	학습, 생활, 일에 관련된 화제, 장면을 과제로 재구성한 100~200자 정도의 글을 읽고 그 내용의 이해를 묻는 문제
問題5	내용 이해 (중문)	○	4	일상적인 화제, 장면을 과제로 재구성한 450자 정도의 글을 읽고 그 내용의 이해를 이해하는가를 묻는 문제
問題6	정보 검색	◆	2	안내나 알림 등을 재구성한 400자 정도의 정보 소재 중에서 필요한 정보를 정확히 파악하는가를 묻는 문제

◆: 구 시험에서는 출제되지 않았던 새로운 문제 형식

◇: 구 시험의 문제 형식을 유지하나 형식이 부분적으로 변경됨

○: 구 시험에서도 출제된 문제 형식

①1 もんだい4 단문 독해 (4문제)

단문 독해는 지문이 짧은 만큼 문제를 풀 때 시간적인 부담감은 적어서 독해 파트에서 제일 공략하기 쉬우므로, 한 문제도 놓쳐서는 안 된다. 단문 독해를 풀 때 주의해야 할 것은 질문의 내용을 잘 이해하는 것이다. 일본어 능력시험은 일본어를 보급하기 위한 시험이지 수험자를 헷갈리게 만드는 것이 목적이 아니므로, 답은 그 안에 있다. 그럼에도 학습자들이 헷갈리는 이유는 뭘까? 그건 바로 수험생 스스로가 느끼는 생각을 답으로 고르기 때문이다.

단문 독해는 본문에서의 키워드가 의미하는 내용이나 필자의 생각, 말하고자 하는 내용 등을 묻는다. 길이가 짧으므로, 본문을 차분히 읽으면서 필자가 어떠한 내용을 말하고 있는가를 파악하도록 하자. 또한 본문에서 반복되는 어휘는 체크하는 것이 좋다. 그 어휘가 바로 필자가 말하고자 하는 것의 키워드이기 때문이다.

예제

もんだい4 つぎの文章を読んで、質問に答えてください。答えは1・2・3・4から、いちばんいいものを一つえらんでください。

　この店は1時間300円で、だれでも利用できます。店の中にはまんがや雑誌がたくさん置いてあって、自由に読むことができます。店の中ではたばこはすえません。中学生や高校生もいるからです。パソコンも一人一台あってインターネットもできます。それから飲み物はコーヒーなら、なんばいでも飲むことができます。ですが、この店を利用するには、さいしょにてつづきをして、かいいんにならなくてはいけません。

1 この店を利用するために、何をしますか。

1　インターネットでよやくします。

2　自分が読むまんがを買います。

3　かいいんになるてつづきをします。

4　飲み物を持ってきます。

1 ✓ 3

Tip 단문 독해에서는 항상 문제를 먼저 확인하도록 하자. 중문 독해에서는 지문을 먼저 읽고 순차적으로 문제를 푸는 것이 좋지만, 단문 독해는 지문이 짧아 문제를 먼저 알고 지문을 읽는 것이 시간을 단축할 수 있기 때문이다.
문제는 이 가게를 이용하기 위한 조건인데, 문제와 같은 어휘로 구성된 지문을 찾아보면 제일 마지막 문장「ですが、この店を利用するには〜」를 찾을 수 있다. 혹시 학습자 중, 「てつづき」라는 단어를 모른다고 해도 보기의 단어와 지문의 단어가 일치하므로 문제를 푸는 어느 정도의 감각만 있으면 정답을 찾을 수 있을 것이다.

이 가게는 1시간에 300엔으로 누구라도 이용할 수 있습니다. 가게 안에는 만화나 잡지가 많이 놓여져 있어서, 자유롭게 읽을 수가 있습니다. 가게 안에서는 담배는 피울 수 없습니다. 중학생이나 고등학생도 있기 때문입니다. PC도 한 명에 한 대 있어서 인터넷도 할 수 있습니다. 그리고 음료수는 커피라면 몇 잔이라도 마실 수가 있습니다. 하지만, 이 가게를 이용하려면 처음에 수속을 해서 회원이 되어야 합니다.

1 이 가게를 이용하기 위해서 무엇을 합니까?

    1 인터넷으로 예약합니다.
    2 자신이 읽을 만화를 삽니다.
    3 회원이 되는 수속을 합니다. ✓
    4 음료수를 가지고 옵니다.

➴ 店(みせ) 가게   時間(じかん) 시간   利用(りよう) 이용   中(なか) 안   まんが 만화   雑誌(ざっし) 잡지   置(お)く 두다
　自由(じゆう)に 자유롭게   読(よ)む 읽다   すう (담배를) 피다   中学生(ちゅうがくせい) 중학생
　高校生(こうこうせい) 고등학생   一人(ひとり) 한 명   一台(いちだい) 한 대   飲(の)み物(もの) 음료수   なんばい 몇 잔
　동사 기본형+には 〜하려면   さいしょ 처음, 최초   てつづき 수속   かいいん 회원

형식상으로는 독해가 단문과 중문으로 나뉘어 있지만, 결국 단문 독해를 정확하게 하는 학습자라면 단문의 연장선상에 있는 것이 중문이므로, 중문 독해 역시 어렵지 않게 문제를 풀 수 있을 것이다.

중문 독해는 지시어와 키워드의 의미를 찾는 문제, 필자의 생각을 묻는 문제, 그리고 밑줄 친 문장이나 단어의 의미를 찾는 문제가 출제된다. 여기에서 밑줄 친 문장이나 단어는 필자가 말하는 키워드를 나타내는 것이다. 단순히 밑줄 친 문장이나 단어가 본문에서 가지는 의미를 묻는 문제가 출제되는 것이 아니라, 필자의 생각이나 결론을 묻는 문제이다. 특히, 밑줄과 관련된 문제는 독해 파트에서는 기본적으로 거의 매번 출제되는 문제인데, 밑줄 친 문제의 정답은 거의 전후 문장에 90%이상 정답이 있다. 그러므로 밑줄 앞뒤의 문장은 더욱 집중적으로 내용을 확인하면 정답을 쉽게 찾을 수 있을 것이다. 그럼 구체적인 어떤 식으로 문제를 풀어야 할지 알아보도록 하자.

예제

もんだい5 つぎの文章を読んで、質問に答えてください。答えは 1・2・3・4 から、いちばんいいものを一つえらんでください。

日本語の中には英語から来ていることばがたくさんあります。だんごは英語ですが、もとの意味とまちがって使われるばあいがよくあるのです。日本製の英語と言えばいいでしょうか。

たとえば、先週友だちと歩いているとき、「この店でランチでもどう？」と聞いたら、友だちは「この店はランチがないよ。」と言われました。

昨日のお昼にまたその店の前を通ったら、店から人がおおぜい出て来たのでびっくりしました。お店の人に「お昼ご飯を食べることができますか」と聞いたら、「はい」と言いました。夜、その友だちから電話が来たので店の話をしました。すると友だちは、日本でのランチと言えば、サラダやコーヒーがいっしょに出て来て、安い値段で食べられるお昼ご飯を言うことが多いけど、その店にはこのサービスがないと教えてくれました。英語ではランチは簡単なお昼ご飯の意味ですが、日本ではこのようにアメリカ人のわたしでも知らない日本製の英語をたくさんつかっていて、ほんとうにこまります。

ことばはその国の文化をあらわすことだから、できればただしいものをつかってほしいんです。でも、ここでべんきょうする以上、わたしがそれを習うしかないですね。

1 「この店はランチがないよ」と言ったのはなぜですか。

1　日本語の意味でのランチはこの店では売ってないから

2　きょうからほんとうにランチを売ってないから

3　友だちがこの店ではランチを食べたがらないから

4　この店のランチは高くてぜんぜんおいしくないから

2　これを書いた人はなぜびっくりしましたか。

1　夜、友だちから電話が来たから

2　お昼に店から友だちが出て来たから

3　お昼に店からおおぜい人が出て来たから

4　店の人が「はい」と言ったから

3　これを書いた人の考えと合っているのはどれですか。

1　日本製の英語は使い方がむずかしい。

2　もっと英語をべんきょうしたい。

3　お昼ご飯は安いほうがいい。

4　おいしいお昼ご飯が食べたい。

4　これを書いた人はこれからどうするつもりですか。

1　これからもっと英語のべんきょうをしようと思っている。

2　日本人が使う英語はおかいしから習いたくない。

3　日本でべんきょうするから、日本の文化を習うつもりだ。

4　はやく国へかえってただしい英語がべんきょうしたい。

Tip 이 글을 쓴 사람은 서양권에서 태어난 사람이라는 것을 알 수 있을 것이다. 필자는 자기 나라에서 사용하는 의미의 「ランチ(런치)」를 친구에게 말하자, 그 친구는 일본인 감각의 런치에 대해서 「サラダやコーヒーがいっしょに出て来て、安い値段で食べられるお昼ご飯が多いけど、その店にはこのサービスがない」라고 설명하였다. 즉, 두 사람은 각자가 「ランチ(런치)」를 자기 나라에서 사용하는 감각으로 해석을 했다는 것을 알 수 있다.

Tip 이 문제는 상당히 까다롭게 느낄 수 있을 것이다. 우선은 지문의 「店から人がおおぜい出て来たのでびっくりしました」에서 정답을 3번이라고 생각할 수 있지만, 필자가 놀란 진짜 이유는 지난주에 이 가게에서는 런치를 먹을 수 없다고 한 친구의 말과는 반대의 일이 벌어졌기 때문이다. 필자가 점원에게 「お昼ご飯を食べることができますか」라고 묻자 점원이 「はい」라고 대답을 하였다. 즉, 필자는 친구의 말을 듣고 런치를 먹을 수 없다고 생각했었는데 점원이 점심을 먹을 수 있다고 해서 놀란 것이다.

Tip 우선은 정답을 제외한 나머지 보기는 본문에서 전혀 언급이 없다. 일반적으로 필자의 생각이나 결론을 나타내는 부분은 문장의 첫 부분이나 마지막 부분에 나온다. 이 지문은 앞 부분은 일본에서 만든 영어의 사용 '예'를 언급하였고, 마지막에 「このようにアメリカ人のわたしでも知らない日本製の英語をたくさんつかっていて、ほんとうにこまります」라고 필자의 생각을 나타냈다. 그리고 문장 전체의 흐름이 바른 영어의 사용에 대해서 언급하고 있다는 것을 알 수 있다.

Tip 필자의 앞으로의 생각에 대한 부분은 「ここでべんきょうする以上、わたしがそれを習うしかないですね」에서 일본에서 공부하는 만큼, 그 나라에 대한 것을 본인이 배울 수밖에 없다고 명확하게 나와 있다. 이처럼 필자의 생각이나 주장하는 바는 글의 첫 부분이나 마지막 부분에 나온다는 것을 명심하자.

일본어 중에는 영어에서 온 말이 많이 있습니다. 단어는 영어이지만, 원래의 의미와 다르게 사용되는 경우가 자주 있는 것입니다. 일본에서 만든 영어라고 하면 될까요?

예를 들면, 지난주 친구와 길을 걷고 있을 때, '이 가게에서 런치라도 어때?'라고 물었더니, 친구는 '이 가게에는 런치가 없어'라고 말했습니다.

어제 점심에 또 그 가게 앞을 지나가는데 가게에서 많은 사람들이 나와서 깜짝 놀랐습니다. 점원에게 '점심을 먹을 수 있습니까?'라고 물었더니, '네'라고 말했습니다. 저녁에 친구에게 전화가 와서 가게 이야기를 했습니다. 그러자 친구는 일본에서의 런치라고 하면, 샐러드나 커피가 함께 나오는, 저렴한 가격으로 먹을 수 있는 점심을 말하는데 그 가게에는 그 서비스가 없다고 가르쳐 주었습니다. 영어에서 런치는 간단한 점심 식사라는 의미인데, 일본에서는 이처럼 미국인인 저도 모르는 일본식 영어를 많이 사용하고 있어 참으로 곤란합니다.

말은 그 나라의 문화를 표현하는 것이므로 가능하면 올바른 것을 사용해 주기를 바랍니다. 하지만 여기에서 공부하는 이상, 제가 그것을 배울 수밖에 없겠지요.

[1] 「이 가게는 런치가 없어」라고 말한 것은 왜입니까?
　　1 일본어의 의미에서의 런치는 이 가게에서는 팔지 않기 때문에 ✓
　　2 오늘부터 정말로 런치를 팔지 않기 때문에
　　3 친구가 이 가게에서는 런치를 먹고 싶어하지 않기 때문에
　　4 이 가게의 런치는 비싸고 전혀 맛이 없기 때문에

[2] 이것을 쓴 사람은 왜 놀랐습니까?
　　1 저녁에 친구로부터 전화가 왔기 때문에
　　2 점심에 가게에서 친구가 나왔기 때문에
　　3 점심에 가게에서 많은 사람이 나왔기 때문에
　　4 점원이 '예'라고 말했기 때문에 ✓

[3] 이것을 쓴 사람의 생각과 맞는 것은 어느 것입니까?
　　1 일본에서 만든 영어는 사용 방법이 어렵다. ✓
　　2 더욱 영어를 공부하고 싶다.
　　3 점심은 싼 편이 좋다.
　　4 맛있는 점심밥을 먹고 싶다.

[4] 이것을 쓴 사람은 앞으로 어떻게 할 생각입니까?
　　1 앞으로 더욱 영어 공부를 하려고 생각하고 있다.
　　2 일본인이 사용하는 영어는 이상하기 때문에 배우고 싶지 않다.
　　3 일본에서 공부하기 때문에 일본의 문화를 배울 생각이다. ✓
　　4 빨리 고향에 돌아가서 바른 영어를 공부하고 싶다.

↳ 日本語(にほんご) 일본어　英語(えいご) 영어　ことば 말　たんご 단어　もと 원래　日本製(にほんせい) 일본에서 만들어짐
　意味(いみ) 의미　まちがう 틀리다　使(つか)う 사용하다　ばあい 경우　たとえば 예를 들면　先週(せんしゅう) 지난주
　歩(ある)く 걷다　聞(き)く 묻다　店(みせ) 가게　昨日(きのう) 어제　お昼(ひる) 낮　通(とお)る 지나다　おおぜい 많은 사람
　出(で)る 나오다　びっくりする 깜짝 놀라다　ご飯(はん) 밥　話(はなし) 이야기　安(やす)い 싸다　値段(ねだん) 가격
　教(おし)える 가르치다　簡単(かんたん)だ 간단하다　知(し)る 알다　つかう 사용하다　こまる 곤란하다　文化(ぶんか) 문화
　あらわす 나타내다　ただしい 바르다　以上(いじょう) 이상　習(なら)う 배우다　～しかない ～밖에 없다

 もんだい 6 정보 검색 (2문제)

일본에서 생활하면 많은 게시판이나 문서, 광고판 등을 볼 수 있을 것이다. 그래서 신 일본어 능력시험에서는 이러한 것들을 얼마나 정확하게 이해하는가에 대한 문제를 정보 검색이라는 이름으로 출제한 것이다. 어떤 물건을 사용하는 데 있어서의 사용 설명서, 공공 기관의 안내문, 아파트 등에서의 알림, 광고판, 사원모집, 백화점의 세일 안내 등을 보고, 그러한 것들이 어떤 의미를 가지고 있으며, 무엇을 알리려고 하는가 등에 관한 문제가 출제된다.

이 문제 유형 역시 높은 수준의 어휘로 문장이 구성되어 있는 것이 아니고, 비교적 평이한 문장으로 구성되어 있다. 먼저 문제의 질문 내용을 파악하고, 거기에 맞추어서 지문을 해석하도록 하자. 문제의 내용과 맞는 부분을 반드시 체크하고, 보기의 내용과 일치하는 부분과 일치하지 않는 부분을 표시하면서 문제를 풀어나가면 조금이나마 문제를 푸는 데 시간을 단축할 수 있을 것이다.

예제

もんだい 6 右のページのふくおか観光ホテルの料金表を見て、質問に答えてください。答えは 1・2・3・4 からいちばんいいものを一つえらんでください。

1. 山田さんは家族 4 人で、12 月 22 日 (火) に一つのへやで泊まる予定です。料金はいくらですか。

   1　9,100円
   2　9,400円
   3　10,200円
   4　13,300円

2. 杉本さんの家族 3 人、野口さんの夫婦が 12 月 31 日に家族どうしでこのホテルに泊まる予定です。料金はいくらですか。

   1　20,400円
   2　20,800円
   3　27,800円
   4　30,500円

ふくおか観光ホテル

お泊まりの料金

	11／1〜12／30、1／〜4／30		12／31〜1／2
	平日・休日	休前日	
4名さま1室	9,100 円	10,200 円	13,300 円
3名さま1室	9,100 円	10,200 円	14,500 円
2名さま1室	9,400 円	10,600 円	16,000 円
1名さま1室	10,000 円	10,200 円	16,700 円

1  1

Tip 12월 22일 화요일은 평일에 해당되므로 표의 평일·휴일에 해당된다. 그리고 4명이 하나의 방에서 숙박하므로 4인 1실이다. 따라서 금액은 9,100엔이 된다.

2 ✓ 4

Tip 두 가족이 12월 31일에 가족끼리 숙박하므로 우선 「12/31~1/2」부분의 요금에 해당한다. 스기모토 씨 가족은 3명이니까 3인 1실 요금인 14,500엔, 노구치 씨 부부는 2인 1실이므로 16,000엔이다. 이 두 금액을 합치면 30,500엔이 되는 것이다.

문제6 오른쪽 페이지의 후쿠오카 관광호텔의 요금표를 보고 질문에 답하세요. 답은 1·2·3·4에서 가장 올바른 것을 한 개 고르세요.

1 야마다 씨는 가족 4명이 12월 22일(화)에 하나의 방에서 숙박할 예정입니다. 요금은 얼마입니까?
  1 9,100엔 ✓
  2 9,400엔
  3 10,200엔
  4 13,300엔

2 스기모토 씨 가족 3명, 노구치 씨 부부가 12월 31일에 가족끼리 이 호텔에 숙박할 예정입니다. 요금은 얼마입니까?
  1 20,400円
  2 20,800円
  3 27,800円
  4 30,500円 ✓

후쿠오카 관광호텔
숙박 요금

	11/1~12/30, 1/3~4/30		12/31~1/2
	평일 · 휴일	휴일 전일	
4인 1실	9,100엔	10,200엔	13,300엔
3인 1실	9,100엔	10,200엔	14,500엔
2인 1실	9,400엔	10,600엔	16,000엔
1인 1실	10,000엔	10,200엔	16,700엔

↜ 観光(かんこう) 관광　お泊(と)まり 숙박　料金(りょうきん) 요금　平日(へいじつ) 평일　休日(きゅうじつ) 휴일
休前日(きゅうぜんじつ) 휴일 전날　室(しつ) 실　家族(かぞく) 가족　夫婦(ふうふ) 부부　どうし 같은 무리

3. 독해의 워밍업

실전문제에 들어가기 전에 문장의 구성과 해석법에 대한 연습을 해 보도록 하자. 문장에 대한 이해를 돕기 위해서 문제형식으로 구성해 놓았다. 여기에 있는 문제들은 N4에서 반드시 알아야 할 문형들로 구성해 놓았다. 따라서 N4 독해를 하려고 하면, 기본적으로 워밍업에 있는 문장들을 이해하지 못하면 지문을 해석하는 데 상당히 어려움이 있을 것이다. 따라서 학습자 여러분들은 문제의 정답을 찾는 것도 중요하지만, 문장의 흐름과 정확한 문장구조를 이해하는 측면에서 접근하는 것이 바람직할 것이다.

01 문장의 구성과 해석법 연습　　　　→ 정답 p. 37

つぎの　A·Bには　どの　ことばを　入れると　よいですか。いちばん　いい　ものを　えらびなさい。

1 1)　この　花は　何^{なに}も　しないのに　大きく　＿＿A＿＿。

　2)　この　花は　母が　大切^{たいせつ}に　＿＿B＿＿。

　　①　A　そだった　　　　　　B　そだった
　　②　A　そだてた　　　　　　B　そだてた
　　③　A　そだった　　　　　　B　そだてた
　　④　A　そだてた　　　　　　B　そだった

2 1)　その　先生^{せんせい}は　せいとを　よく　＿＿A＿＿。

　2)　わたしは　社長^{しゃちょう}に　とても　＿＿B＿＿。

　　①　A　ほめました　　　　　　B　ほめました
　　②　A　ほめました　　　　　　B　ほめられました
　　③　A　ほめられました　　　　B　ほめられました
　　④　A　ほめられました　　　　B　ほめました

3 1) 雨も　ふりますし、＿＿A＿＿。

2) 雨も　ふるし、＿＿B＿＿。

①　A　風も　ふきます　　　　B　風も　ふく
②　A　風も　ふきます　　　　B　風も　ふきます
③　A　風も　ふく　　　　　　B　風も　ふきます
④　A　風も　ふく　　　　　　B　風も　ふく

4 1) はじめから　はっきり　説明すれば　きっと　＿＿A＿＿。

2) はじめから　はっきり　説明すれば　たいてい　＿＿B＿＿。

①　A　わかって　くれるはずだ　　B　わかって　くれるかも　しれない
②　A　わかって　くれるようだ　　B　わかって　くれるかも　しれない
③　A　わかって　くれるようだ　　B　わかって　くれるだろう
④　A　わかって　くれるはずだ　　B　わかって　くれるだろう

5 1) あの　バスは　駅へ　行きますが、この　バスは　＿＿A＿＿。

2) この　バスは　病院行きですが、駅へも　＿＿B＿＿。

①　A　行きます　　　　　　　　B　行きません
②　A　行きません　　　　　　　B　行きません
③　A　行きません　　　　　　　B　行きます
④　A　行きます　　　　　　　　B　行きます

6 1) わたしは　友だちに　くすりを　＿＿A＿＿。

2) わたしの　ために　友だちが　くすりを　＿＿B＿＿。

①　A　買って　きて　あげました　　B　買って　きて　あげました
②　A　買って　きて　くれました　　B　買って　きて　あげました
③　A　買って　きて　くれました　　B　買って　きて　くれました
④　A　買って　きて　あげました　　B　買って　きて　くれました

7 1) 私の けがの ことで 両親は たいへん ＿＿A＿＿。

2) 私は けがの ことで 両親に たいへん ＿＿B＿＿。

① A 心配しました　　　　　　　B 心配しました

② A 心配させました　　　　　　B 心配させました

③ A 心配しました　　　　　　　B 心配させました

④ A 心配させました　　　　　　B 心配しました

8 1) そういえば きのう かいぎが ＿＿A＿＿。

2) そういえば あした かいぎが ＿＿B＿＿。

① A ありました　　　　　　　　B ありました

② A あります　　　　　　　　　B あります

③ A ありました　　　　　　　　B あります

④ A あります　　　　　　　　　B ありました

9 1) 友だちに ＿＿A＿＿。

2) 友だちを ＿＿B＿＿。

① A つれて パーティーに 行きました
　 B つれて パーティーに 行きました

② A つれられて パーティーに 行きました
　 B つれられて パーティーに 行きました

③ A つれて パーティーに 行きました
　 B つれられて パーティーに 行きました

④ A つれられて パーティーに 行きました
　 B つれて パーティーに 行きました

10 1) いつもより　早く　起きたので、6時の　電車に＿＿＿A＿＿＿。

2) いつもより　早く　起きたのに、6時の　電車に＿＿＿B＿＿＿。

① A　まにあった　　　　　　　B　まにあわなかった
② A　まにあった　　　　　　　B　まにあった
③ A　まにあわなかった　　　　B　まにあった
④ A　まにあわなかった　　　　B　まにあわなかった

11 1) ここは　あぶないから＿＿＿A＿＿＿くださいい。

2) 電車が＿＿＿B＿＿＿、会社に　おくれました。

① A　来ないで　　　　　　　　B　来ないで
② A　来ないで　　　　　　　　B　来なくて
③ A　来なくて　　　　　　　　B　来ないで
④ A　来なくて　　　　　　　　B　来なくて

12 1) ことしの　夏休みは　どこかへ＿＿＿A＿＿＿。

2) ことしの　夏休みは　どこへも＿＿＿B＿＿＿。

① A　行きません　　　　　　　B　行きましょう
② A　行きましょう　　　　　　B　行きましょう
③ A　行きません　　　　　　　B　行きません
④ A　行きましょう　　　　　　B　行きません

13 1) 先週、友だちの　たんじょうびに　プレゼントを＿＿＿A＿＿＿。

2) 先週、わたしの　たんじょうびに、友だちから　プレゼントを＿＿＿B＿＿＿。

① A　あげました　　　　　　　B　もらいました
② A　あげました　　　　　　　B　あげました
③ A　もらいました　　　　　　B　あげました
④ A　もらいました　　　　　　B　もらいました

14 1) むかしは　声_{こえ}の　よい　鳥_{とり}を　＿＿A＿＿。

2) 山では　すぐ　近_{ちか}くで　鳥が　よい　声で　＿＿B＿＿。

① A　なかせて　たのしんだらしい　B　なくのを　たのしむ
② A　なくのを　たのしむ　　　　　B　なくのを　たのしむ
③ A　なかせて　たのしんだらしい　B　なかせて　たのしんだらしい
④ A　なくのを　たのしむ　　　　　B　なかせて　たのしんだらしい

15 1) 私は　毎日　はを　みがく　＿＿A＿＿。

2) 私も　日本へ　行く　＿＿B＿＿。

① A　ことに　します　　　　B　ことに　なります
② A　ことに　します　　　　B　ことに　します
③ A　ことに　なります　　　B　ことに　します
④ A　ことに　なります　　　B　ことに　なります

16 1) 雨_{あめ}が　ふって　きたので　まどを　＿＿A＿＿。

2) 音_{おと}を　たてて　ドアが　＿＿B＿＿。

① A　しめました　　　　　B　しめました
② A　しめました　　　　　B　しまりました
③ A　しまりました　　　　B　しまりました
④ A　しまりました　　　　B　しめました

17 1) 品物_{しなもの}が　店_{みせ}に　＿＿A＿＿。

2) 店に　品物を　＿＿B＿＿。

① A　ならべる　　　　　　B　ならべる
② A　ならべられる　　　　B　ならべられる
③ A　ならべる　　　　　　B　ならべられる
④ A　ならべられる　　　　B　ならべる

18 1) 急_{いそ}がないと　会社_{かいしゃ}に　＿＿A＿＿。

2) 急がなかったので　きのうは　会社に　＿＿B＿＿。

① A　おくれる　　　　　　　　B　おくれる
② A　おくれる　　　　　　　　B　おくれた
③ A　おくれた　　　　　　　　B　おくれた
④ A　おくれた　　　　　　　　B　おくれる

19 1) 先生は　順番_{じゅんばん}に　テキストを　せいとに　＿＿A＿＿。
2) 最後_{さいご}に　先生が　自分_{じぶん}で　テキストを　＿＿B＿＿。

① A　よみます　　　　　　　　B　よませます
② A　よませます　　　　　　　B　よみます
③ A　よみます　　　　　　　　B　よみます
④ A　よませます　　　　　　　B　よませます

20 1) わたしの　大事_{だいじ}な　本を　かれに　＿＿A＿＿。
2) かれの　大事な　本を　わたしは　＿＿B＿＿。

① A　あげる　つもりは　ない　　　B　あげる　つもりは　ない
② A　もらう　つもりは　ない　　　B　あげる　つもりは　ない
③ A　もらう　つもりは　ない　　　B　もらう　つもりは　ない
④ A　あげる　つもりは　ない　　　B　もらう　つもりは　ない

Part 2
실전 대비 집중 훈련

→ 정답 p.41

もんだい 4 つぎの文章を読んで、質問に答えてください。答えは 1・2・3・4から、いちばんいいものを一つえらんでください。

今日は、はじめて年賀状を書きました。年賀状は新しい年のあいさつのはがきです。正月に友だちや会社の人などに送ります。私の国では、このような習慣はありません。ですから、きょねんまで私は何もしませんでした。ですが、今年は友だちのサチコさんに教えてもらって、友だちや会社の人に書きました。漢字を書くのがたいへんでしたが、とてもおもしろかったです。みんなにとどくのをたのしみにしています。早く正月になってほしいです。

1 文の内容とあっているのはどれですか。
1 この文は正月に書きました。
2 これを書いた人は去年も年賀状を書きました。
3 これを書いた人の国では年賀状を書きません。
4 これを書いた人はサチコさんに年賀状の書き方を教えました。

もんだい４ つぎの文章を読んで、質問に答えてください。答えは１・２・３・４から、いちばんいいものを一つえらんでください。

みなさん、こんにちは。ネパールから来たパラタです。ネパールでも自転車をつくるこうじょうではたらいていました。でも、日本に来て、ここにある機械は、今まで見たことがありません。ですから一生けんめいけんしゅうをうけたいと思います。けんしゅうは６か月間の予定です。みじかいきかんですが、ここでならったことを国の人々にもおしえたいと思います。

2 文の内容とあっているのはどれですか。

1 パラタさんの国でははたらいたことがありません。

2 パラタさんの国ではこのこうじょうにあるような機械を見たことがありません。

3 このこうじょうでは車をつくっています。

4 パラタさんは今日から６か月間一生けんめい日本語をべんきょうするつもりです。

→ 정답 p.41

もんだい4 つぎの文章を読んで、質問に答えてください。答えは1・2・3・4から、いちばんいいものを一つえらんでください。

今日はテストがありました。でも、先生に理由を話してとちゅうできょうしつを出ました。テストがむずしかったからではありません。今日のテストのために毎日べんきょうしたので…。私がきょうしつを出たのは、急におなかが痛くなったからです。毎日とても暑いので、アイスクリームをたくさん食べていました。けさ、家を出る前にもアイスクリームを食べました。だからおなかが痛くなったのだと思います。一生けんめいべんきょうしたのにざんねんです。

3　この人がざんねんだと思ったのはなぜですか。

1　先生におこられたからです。

2　けさ食べたアイスクリームがあまりおいしくなかったからです。

3　けさはアイスクリームを食べる時間がなかったからです。

4　一生けんめいべんきょうしたのにテストのとちゅうできょうしつを出たからです。

→ 정답 p.42

もんだい4 つぎの文章を読んで、質問に答えてください。答えは1・2・3・4から、いちばんいいものを一つえらんでください。

人はみんな性格が同じではないですね。同じおやのもとでそだてられた兄弟でも性格がぜんぜんちがう場合もけっこうあります。大学をそつぎょうして会社に入ると、いろんな人に出会います。ほとんどの人が自分とは性格がちがうので、苦労します。それで会社をやめたりする人もいるらしいです。でも、それをがまんして、人々に合わせようとすれば自分はいい人だと評価され、会社からもみとめられるそうです。

4　文によると、どんな人が会社でみとめられますか。

1　会社で一生けんめい仕事をする人

2　人間関係がよさそうな人

3　上司の言うことをよく聞く人

4　自分の性格を人に見せない人

→ 정답 p.42

もんだい4 つぎの文章を読んで、質問に答えてください。答えは1・2・3・4から、いちばんいいものを一つえらんでください。

人の多いところではなるべく、電話はえんりょしてください。だいたい、若い人は電話でメールをおくったりしてしずかに使いますが、年をとった人々はとても大きいこえで電話したりします。ふつう、さいきんの若い人はマナーがなってないと言われますが、電話でかぎるとそうでもないですね。電車やバスの中ではなるべく人にめいわくをかけないようにしてください。

5 これを書いた人がいちばん言いたいことは何ですか。

1 バスや電車ではとなりの人と話さないほうがいい。

2 バスや電車では若い人と話さないほうがいい。

3 バスや電車ではよくマナーをまもる人になりましょう。

4 バスや電車にのる時は電話をもっていかないほうがいい。

➔ 정답 p.42

もんだい4 つぎの文章を読んで、質問に答えてください。答えは1・2・3・4から、いちばんいいものを一つえらんでください。

今日、友だちとけんかをしました。とても親しい友だちだったが、私にうそをついたのです。昨日、午前8時に図書館の前で会うことにしましたが、友だちは来なかったのです。1時間半ぐらい待ちましたが来ませんでした。それで、今日聞いてみたら友だちは、約束が来週だったんじゃないかと言いました。少し怒ったんですが、しかたないと思いました。でも、あとでほかの人に聞いたのですが、友だちは朝ねぼうしたそうです。私に正直言ってくれたらよかったのに…。

6　この人が友だちとけんかしたのはなぜですか。
　　1　友だちが正直に言ってくれなかったから
　　2　友だちがほかの人と図書館へ行ったから
　　3　友だちが一人で図書館で勉強したから
　　4　友だちが約束の時間に遅く来たから

→ 정답 p.43

もんだい5 つぎの文章を読んで、質問に答えてください。答えは1・2・3・4から、いちばんいいものを一つえらんでください。

日本語は世界的にみても特にむずかしいことばではありません。読み書きについては、たとえば英語ならアルファベットをAからZまで覚えてしまえば読み書きはそんなに苦労しないでできるようになります。

日本語は、ひらがな、カタカナ、漢字など、字を書くのがたくさんあります。それ以外は特にむずかしいことばはないのですが、ただひとつ、ものすごくむずかしいことがあります。それは敬語です。日本人でもまともに話せる人が少ない敬語は、外国人ならもっとむずかしいし、こわいでしょう。一言で敬語といっても、たくさんの種類があります。「です・ます」を使うことば、自分より年上の人に使うことば、自分より年下に使うことばなど。また、自分と同じ会社で仕事している人のことを、ほかの人に言うときは敬語を使ってはいけません。でも、自分が部長や課長と話すときは敬語を使います。このように日本語の敬語はむずかしいです。

日本語の中で敬語がむずかしいといっても英語、いやどんな外国語でもむずかしいことはあるのではないでしょうか。

1 文によると、日本語はどんなことばですか。

1 世界的にみてもそんなにむずくしくないことばだ。

2 世界的にみてもとてもむずかしくてたいへんなことばだ。

3 世界でいちばんむずかしくないことばだ。

4 世界でいちばんやさしいことばだ。

2 日本語でいちばんむずかしいと思われるのは何ですか。

    1　読み書き

    2　ひらがな

    3　敬語

    4　漢字

3 日本語の敬語についてただしいのはどれですか。

    1　日本人ならみんな知っているものだ。

    2　日本人でもむずかしいと思っている。

    3　外国人はやさしいと思っている。

    4　外国人ならみんな知っているものだ。

4 この人は外国語をどう思っていますか。

    1　外国語をもっとやさしくしなければならない。

    2　外国語のべんきょうはやらないほうがいい。

    3　どんな外国語でもむずかしいことはある。

    4　すべての外国語をひとつにしたほうがいい。

もんだい5 つぎの文章を読んで、質問に答えてください。答えは1・2・3・4から、いちばんいいものを一つえらんでください。

最近、タバコをやめる人がふえています。その理由は、自分のけんこうを守ることですが、やはりタバコのねだんが上がったからでしょう。今までタバコをやめることに失敗した人も多い中、タバコのねだんが上がったため、タバコをやめることに成功したという人が多くなりました。

その中で私のまわりの人々で、タバコをやめることに成功できた例をいくつかあげてみますと、「ここでタバコを吸ってもいい」というのをなくすことによって自然にタバコを吸う機会がへって、そのあともあまり苦労なくやめることができた、というケースのほうが多いようです。たとえば、2か月ほど入院をしてしまったため、そこでタバコを吸うことはできなくて、病院から出ても吸いたいと思わなくなっていた、といったことでタバコをやめられる人もいます。

このように自分でタバコをやめることができなかったらほかの人にお願いしてでもタバコはやめたほうがいいのではないでしょうか。

1　タバコをやめるいちばんの理由は何ですか。
　　1　タバコのあじ
　　2　タバコのねだん
　　3　じぶんのけんこう
　　4　かぞくのけんこう

2 この人のまわりの人は、どうやってタバコをやめることに成功しましたか。

1　自分でタバコをやめることに成功した。

2　友だちに言われてタバコをやめることに成功した。

3　かぞくに言われてタバコをやめることに成功した。

4　タバコをすうところがなくなってタバコをやめることに成功した。

3 この話によると、入院すればどうなりますか。

1　病院でタバコをやめる方法（ほうほう）を教えてくれるからタバコがやめられる。

2　病院で、タバコで死んでしまう人を見てタバコがやめられる。

3　病院ではタバコが吸えないのでタバコがやめられる。

4　病院にはタバコを持っていけないからタバコがやめられる。

4 この人はタバコをやめる方法について何と言っていますか。

1　タバコのねだんが上がる前にやめたほうがいい。

2　タバコをやめないとねだんが上がるからこまる。

3　自分でやめることができないならほかに人にたのんででもやめなさい。

4　タバコは自分でやめたほうがいちばんいい。

→ 정답 p.44

もんだい 5 つぎの文章を読んで、質問に答えてください。答えは 1・2・3・4 から、いちばんいいものを一つえらんでください。

私たちは仕事をしなければお金を得られないため、生きていけません。なぜなら仕事をしないと食べ物を買ったり、家をかりたりするお金が手に入れられないからです。それで、人々はお金をたくさんもらえる会社に入るために努力するのです。

でも、最近は大学を出ても入れる会社が少ないです。会社に入りたくても不景気でできないのです。それで仕事がしたくてもできない若者がふえているのです。これは若者の問題ではなくて、国に問題があると思います。国が大学を卒業した人々が会社に入れるようにしなければなりません。会社のほうもおなじです。今がたいへんでも、あとのために、たくさんの若者に機会をやるのが会社としての責任でしょう。

また、若者も自分のしょうらいのためにいっしょうけんめい努力してほしいです。ただ会社に入れないからあそぶというより、あとで会社に入ったとき、どんな仕事でもできるように準備してください。英語をべんきょうしたり自分の専門をもっとべんきょうしたり…。

日本の未来は今、会社で仕事をしている人よりこれから会社に入ろうとしている人々によって、明るくもなるしくらくもなります。みなさん！がんばってください。

1 私たちが仕事をする理由は何ですか。

1 家でべんきょうするために仕事をしなければなりません。

2 子どもを手に入れるために仕事をしなければなりません。

3 会社に入るために仕事をしなければなりません。

4 生きていくために仕事をしなければなりません。

2 最近、大学を出た若者はどうですか。

　　1　なかなか会社に入れなくてたいへんだ。

　　2　すぐ会社に入って仕事をしている。

　　3　どんな会社がいいかかんがえている。

　　4　会社に入ってもすぐやめてしまう。

3 若者が会社に入れない理由は何だと言っていますか。

　　1　社会と若者の責任が大きい。

　　2　若者と大学の責任が大きい。

　　3　国と会社の責任が大きい。

　　4　大学と国の責任が大きい。

4 若者は、これからどうしなければなりませんか。

　　1　会社から習ったことをわすれられないように努力してほしい。

　　2　どんな会社がいいかをかんがえないで、すぐに会社に入ってほしい。

　　3　大学でいろんな勉強をして会社に入れるように努力してほしい。

　　4　会社に入ったとき、すぐ仕事ができるようにいろんな努力してほしい。

→ 정답 p.45

もんだい5 つぎの文章を読んで、質問に答えてください。答えは1・2・3・4から、いちばんいいものを一つえらんでください。

ケイスケは高校生です。ほっかいどうの小さな町に住んでいて、毎週末によくお父さんといっしょに、山へサイクリングに行ったり海へつりに行ったりします。

きょねんの夏、ケイスケはあたらしいじてんしゃがほしかったので、夏休みのあいだ、アルバイトをしました。毎朝、町の人たちの家に新聞をとどけなければなりませんでした。ちょっとつかれたが、そのしごとにとてもまんぞくしました。一か月ぐらいアルバイトをするとじてんしゃが買えるからです。

はじめての日、新聞社の男の人がケイスケに新聞を50部わたして、「きょうはてつだってあげるよ。」と言いました。男の人は車で、ケイスケをつれて町をまわりました。ケイスケは男の人といっしょに、人々の家のドアの前に新聞をおきました。つぎの日から、ケイスケは毎日、古いじてんしゃにのって行きました。

ケイスケは4週間アルバイトをして、2万円をもらいました。ケイスケはそのお金で、あたらしいじてんしゃを買いました。あきに、ケイスケは毎週末、お父さんといっしょにあたらしいじてんしゃにのってたのしみました。

1 ケイスケは毎週末に何をしますか。
  1 じてんしゃにのっていろんなところへ行く。
  2 お父さんとアルバイトをする。
  3 学校でスポーツをする。
  4 海へおよぎに行く。

2 ケイスケはなぜアルバイトをしましたか。

  1　あたらしい本が必要だった。

  2　お父さんと旅行に行くお金が必要だった。

  3　あたらしいじてんしゃが買いたかった。

  4　友だちと旅行に行きたかった。

3 ケイスケはアルバイトで何をしなければなりませんでしたか。

  1　人々の家を掃除する。

  2　人々の家に新聞をとどける。

  3　人々のじてんしゃをあらう。

  4　人々のじどうしゃをあらう。

4 最初の日、だれがケイスケをてつだいましたか。

  1　ケイスケのお父さん

  2　学校の友だち

  3　じてんしゃの店の男の人

  4　新聞社の男の人

→ 정답 p.46

もんだい 5 つぎの文章を読んで、質問に答えてください。答えは 1・2・3・4 から、いちばんいいものを一つえらんでください。

せんしゅうの土よう日、エリカのおばあさんは自分の家でパーティーをしました。エリカとエリカのお母さんはそのパーティーに行きました。

土よう日の午前、エリカのおばあさんは、「だいどころで手伝いをしてね、エリカ。」と言いました。エリカはおばあさんといっしょに、パーティーで食べるサンドイッチをつくりました。それからお茶を入れて、お客が来るのを待ちました。

さいしょに山本おじさんが、12時15分につきました。つぎに、田中おばさんと中村おじさんが12時30分につきました。エリカのいとこのイチローとコウジも来ました。男の子たちはサッカーボールを持って来ました。イチローとコウジはお腹がすいていたので、みんなでひるごはんを食べはじめました。天気がよかったので、にわで食べました。

ひるごはんのあと、エリカはいとこたちといっしょにサッカーをしました。あつかったので、みんなすぐにつかれてしまいました。子どもたちはサッカーをしたあとで、アイスクリームを食べました。エリカはおばあさんのパーティーで、たのしい時間をすごしました。

---

1 だれがエリカのおばあさんの手伝いをしましたか。

1　エリカ
2　山本おじさん
3　田中おばさん
4　中村おじさん

2 イチローとコウジは何を持ってきましたか。

1　お茶

2　ひるごはんに食べるサンドイッチ

3　サッカーボール

4　エリカへのプレゼント

3 みんなはどこでひるごはんを食べましたか。

1　にわ

2　だいどころ

3　エリカのへや

4　リビングルーム

4 エリカといとこたちは、サッカーをしたあとに何をしましたか。

1　お茶をのんだ。

2　アイスクリームを食べた。

3　友だちの家に行った。

4　おばあさんを待った。

→ 정답 p.46

もんだい6 右のページの土日乗りほうだいきっぷの広告を見て、質問に答えてください。答えは1・2・3・4からいちばんいいものを一つえらんでください。

1 山田さんはこのきっぷを買ってあそびに行くつもりです。いつ利用できますか。
1 8月27日
2 8月30日
3 12月11日
4 12月17日

2 山田さん夫婦と3才のむすこ、小学校2年生のむすめが利用する場合、料金はいくらですか。
1 21,000円
2 22,000円
3 30,000円
4 30,100円

子ども料金は1,000円！家族の旅行もたいへんおトク！
とても ★ 安い

土日乗りほうだいきっぷ

JR九州の「ふつう列車・特急列車・新幹線の自由席」が、土日2日間で乗りほうだい

ご利用日　8／28(土) ▶ 12／19(日)の連続する土日 2日間

発売期間　8／20(金) ▶ 12／17(金)

お値段　おとな　10,000円・こども　1,000円
小学校に入ってない子どもは無料

→ 정답 p.47

もんだい6 右のページのゴミの収集日のおしらせを見て、質問に答えてください。答えは1・2・3・4からいちばんいいものを一つえらんでください。

1 ざっしはいつ捨てられますか。

   1　土よう日

   2　木よう日

   3　火よう日

   4　月よう日

2 テレビとかの電気製品はいつ捨てられますか。

   1　土よう日

   2　木よう日

   3　火よう日

   4　月よう日

ゴミの収集日のおしらせ

みなさん！ゴミを分別して捨ててください！

もえるゴミ	もえないゴミ	リサイクル	そのほか
月・金	火・木	水	土

もえるゴミ　　：　新聞・本・紙類など

もえないゴミ：　ビン・カン・など

リサイクル　　：　ペットボトルなど

そのほか　　　：　たんす・ソファーなどの大きなゴミ

*ゴミは決められたところにおねがいいたします。

*ようびをまちがえてすてた場合はもっていきませんのでご注意ください。

*くわしいことは区役所の市民課まで　（092）817-1465

→ 정답 p.47

もんだい6 右のページの求人広告を見て質問に答えてください。答えは1・2・3・4からいちばんいいものを一つえらんでください。

1. 今年、高校を卒業した宇野さんが入れる会社と、その応募方法は何ですか。

   1　やまと商事に書類をもって会社まで行く。

   2　東京建設に書類をもって会社まで行く。

   3　日本工業に書類をEメールで送る。

   4　サクラ銀行に書類をEメールで送る。

2. 杉本さんは、5年間つとめた今の会社を辞めて、ほかの会社にうつそうとしています。大学は出てないが、自分の経験をみとめてくれる会社に入りたいです。どこに応募できますか。

   1　東京建設

   2　日本工業

   3　やまと商事

   4　サクラ銀行

東京建設
とうきょうけんせつ

資格：高卒・大卒(経験なくてもいい)

年齢：４５才まで

給料：月２５万円から～

休日：日よう日・祝日

応募：書類を会社に持ってきてください

問い合わせ 03-3452-1010

担当者：野口ケイスケ

やまと商事
しょうじ

資格：高卒(経験２年以上)

年齢：問いません

給料：相談後決める

休日：土よう日・日よう日・祝日

応募：書類を会社に持ってきてください

問い合わせ 03-3274-4000

担当者：山田イチロー

日本工業
にほんこうぎょう

資格：大卒(経験３年以上)

年齢：４５才まで

給料：相談後決める

休日：日よう日・祝日

応募：書類をEメールで送ってください

問い合わせ

Eメール　jun76@nhkogyo.com

担当者：高橋ジュン

サクラ銀行
ぎんこう

資格：大卒(経験なくてもいい)

年齢：３０才まで

給料：月２３万円から～

休日：土よう日・日よう日・祝日

応募：書類をEメールで送ってください

問い合わせ

Eメール　gen@sakura.com

担当者：岡田げん

4장
청해

Part 1
분석 및 대책

1. 청해의 문제 구성

2. 문제 유형과 문제 풀이 스킬

3. 청해 워밍업

총 28문제에 60점 만점이다. 각 문제 유형별 점수 배점은 아직 공개되지 않았다. 기존의 시험과는 완전히 다른 새로운 유형의 문제도 출제되므로 충분한 대비를 해야 한다. 총 4가지의 문제 유형으로 출제가 되며, 각각의 문제 유형에 대한 정확한 출제유형과 공략법을 알아두도록 하자. 외국어를 공부하는 데 있어서 가장 어려운 파트 중의 하나가 청해라는 것을 반드시 명심해 두도록 하자.

문제	출제 의도	변형 정도	문항 수	목표
問題1	과제 이해	◇	8	구체적인 과제 해결에 필요한 정보를 듣고, 다음에 무엇을 하는 것이 적당한지에 대한 이해를 묻는 문제
問題2	포인트 이해	◇	7	본 지문을 듣기 전에 문제지에 제시된 보기를 파악하고 문제를 푸는 형식으로, 정답을 맞추기 위한 포인트(핵심, 요점)을 이해하는가를 묻는 문제
問題3	발화 표현	◆	5	그림을 보면서, 상황 설명을 듣고 장면이나 상황에 알맞은 발화를 할 수 있는가를 묻는 문제
問題4	즉시 응답	◆	8	질문 등의 짧은 발화 내용을 듣고 즉각적으로 적절한 응답을 할 수 있는가를 묻는 문제

◆ : 구 시험에서는 출제되지 않았던 새로운 문제 형식

◇ : 구 시험의 문제 형식을 유지하나 형식이 부분적으로 변경됨

○ : 구 시험에서도 출제된 문제 형식

2. 문제 유형과 문제 풀이 스킬

①1 問題 1 과제 이해 (8문제)

과제 이해가 무엇인지에 대해서 정확하게 알고 있으면, 問題 1 에서 어떤 유형의 문제가 출제되는지 짐작할 수 있을 것이다. 과제 이해란 두 사람의 대화나 짧은 연설문, 알림 등을 듣고 나서, 한 사람이나 대화의 두 사람이 처리해야 하는 과제가 무엇인가를 묻는 것이다. 즉 지문을 듣고 나서, 특정 인물이 그 다음에 어떠한 행동을 할 것인가(과제 수행)에 대해서 묻는 것이다.

이런 유형의 문제를 풀기 위해 학습자들이 제일 먼저 해야 하는 것은 질문의 내용 중에서 과제를 수행하는 사람이 누구인지 즉, 대화문의 등장 인물 중(두 사람 중), 누구의 행동에 대해서 묻는가를 파악하는 것이다. 남자인지 여자인지, 상사인지 부하인지 등을 먼저 파악하고, 문제용지에 해당 인물을 적어놓고, 그 사람의 대화 내용을 들으면서 어떤 행동을 할 것인가를 체크하면 쉽게 정답을 찾을 수 있다. 연설문이나 알림문은 한 사람의 동작이나 행동에 관한 것으로, 누구의 행동인지에 대한 것은 체크할 필요가 없다.

질문은 대체로 다음과 같은 내용이 나온다.

- ☐ 男の人はこの後、何をしなければなりませんか。

  남자는 이후, 무엇을 해야 합니까?

- ☐ 部下は何をしなければなりませんか。　부하는 무엇을 해야 합니까?

- ☐ 女性はどんなことをしますか。　여성은 어떤 것을 합니까?

- ☐ 上司はこのあとどうしますか。　상사는 이후 어떻게 합니까?

- ☐ 女の人は何をしておけばいいですか。　여자는 무엇을 해 두면 좋습니까?

- ☐ 女の人は、明日、何時までにホテルを出ますか。

  여자는 내일 몇 시까지 호텔(특정한 장소)에서 나갑니까?

- ☐ 女の人は、どのセーターを買いますか。　여자는 어떤 스웨터(특정한 물건)를 삽니까?

- ☐ このあと、男の人は、いくら支払いますか。

  이후, 남자는 얼마를 지불합니까?(숫자와 관련된 문제－금액, 날짜, 요일 등)

물론 다른 종류의 질문도 있을 수 있지만, 대체적으로 대화문이나 연설문, 알림 등이 끝나고 나서 해야 하는 행동이나 동작에 대한 것이다. 따라서, 이러한 질문의 형태와 내용을 알고 있으면 학습자들이 대화문 중에서 무엇을 중점적으로 들어야 하는지가 파악이 되고, 문제 용지에 있는 보기를 보면서 들으면 더욱 쉽게 정답을 찾을 수 있다.

그럼 問題 1을 풀 때 필요한 스킬에 대해서 알아보자. 問題 1은 행동이나 동작에 관한 것이므로, 그 행동의 당사자나 그 행동을 시키는 사람은 순서나 단정, 역접을 나타내는 부사를 사용하는 경우가 많다.

1. 순서를 나타내는 부사

□ まず 우선

□ まずはじめに 우선 제일 먼저

□ 第一に 첫 번째로

2. 단정이나 역접을 나타내는 부사

□ ただ 단지

□ だが 하지만

□ だけど 하지만

□ あまり 별로

따라서 행동이나 동작의 당사자가 이러한 부사를 사용하여 대화문을 시작하거나 대화문 중간에 이런 부사들이 있으면 그 대화문이 정답이 될 가능성이 크다. 과제이라는 제목에 맞게, 問題1의 질문 형태는 미래형이라는 것을 알아두자.

問題 1

🎧 N4-P1-01〜02

もんだい１では、まず　しつもんを　聞いて　ください。それから　話を　聞いて、もんだいようしの　１から４の　中から、いちばん　いいものを　一つ　えらんで　ください。

1 ばん

1　デパートへ　行く

2　おとうとに　会いに　行く

3　えいがを　見に　行く

4　家に　かえる

2ばん

1　何も　食べない

2　ケーキを　食べる

3　サンドイッチを　食べる

4　コーヒーを　飲む

問題1

もんだい１では、まず　しつもんを　聞いて　ください。それから　話を　聞いて、もんだいよう
しの　１から４の　中から、いちばん　いいものを　一つ　えらんで　ください。

1番　男の人と女の人が話しています。仕事が終わってから二人はすぐ何をしますか。

M：今日は５時半ごろには仕事が終わりますから、映画でもどうですか。

F：ああ、いいですね。でも…。

M：あ、何か用事でもあるんですか。

F：明日弟の誕生日なのでデパートへプレゼントを買いに行かなければならないんです。

M：じゃあ、映画を見たあと、いっしょにショッピングに行ったらどうですか。

F：映画を見てからは遅いのでその前のほうが…。

M：はい、分かりました。そうしましょう。

仕事が終わってから二人はすぐ何をしますか。

문제1

문제1에서는 먼저 질문을 들어주세요. 그리고 나서 이야기를 듣고 문제용지의 1부터 4중에서 가장 바른 것을 하나 고르세요.

1번 남자와 여자가 이야기하고 있습니다. 일이 끝나고 나서 두 사람은 바로 무엇을 합니까?

M ：　오늘은 5시 반 경에는 일이 끝나니까, 영화나 어때요?

F ：　아~, 좋죠. 근데….

M ：　아, 뭔가 볼일이라도 있습니까?

F ：　내일 남동생 생일이라서 백화점에 선물을 사러 가야 해요.

M ：　그럼 영화를 본 후, 함께 쇼핑하러 가면 어떨까요?

F ：　영화를 보고 나서는 늦기 때문에 그 전이….

M ：　네, 알겠습니다. 그렇게 합시다.

일이 끝나고 나서 두 사람은 바로 무엇을 합니까?

1 백화점에 간다. ✓

2 남동생을 만나러 간다.

3 영화를 보러 간다.

4 집에 돌아간다.

↝ 仕事(しごと) 일　終(お)わる 끝나다　今日(きょう) 오늘　半(はん) 반　映画(えいが) 영화　明日(あした) 내일
弟(おとうと) 남동생　誕生日(たんじょうび) 생일　買(か)う 사다　あと 뒤　いっしょに 함께　～てから ～하고 나서
遅(おそ)い 늦다　前(まえ) 앞, 전

2番 女の人と男の人が話しています。男の人はこれからどうしますか。

N4-P1-02

F：あ～あ、お腹すいちゃった。山田さん、何か食べます？ケーキはどうですか。
　　パン屋で買っておいたのがあります。

M：ケーキですか。さっきサンドイッチを食べたところなんです。

F：でも、このケーキ、なかなかおいしいですよ。

M：食べたいけど、お腹がいっぱいなので…。

F：じゃ、コーヒーは？

M：あ、けっこうです。

　男の人はこれからどうしますか。

2번 여자와 남자가 이야기하고 있습니다. 남자는 앞으로 어떻게 합니까?

F：아, 배고파. 야마다 씨, 뭔가 먹겠습니까? 케이크는 어떻습니까? 빵집에서 사 둔 것이 있습니다.

M：케이크요? 조금 전에 샌드위치를 먹었습니다.

F：그치만 이 케이크, 상당히 맛있습니다.

M：먹고 싶지만 배가 불러서….

F：그럼 커피는?

M：아, 괜찮습니다.

🔊 남자는 앞으로 어떻게 합니까?

1 아무것도 먹지 않는다. ✓
2 케이크를 먹는다.
3 샌드위치를 먹는다.
4 커피를 마신다.

↝ お腹(なか)すく 배고프다　食(た)べる 먹다　パン屋(や) 빵집　～ておく ～해 두다　さっき 조금 전
동사과거형+ところ 막 ～하다　けっこうだ 괜찮다(정중한 사양)

모든 청해 문제에서 청취의 주된 요소가 포인트 이해라고 할 수 있는데, 이 유형만 유독 '포인트 이해'라고 하는 이유에 대해서 알아보자. 다른 유형의 문제는 전체적인 개념 이해만으로도 정답을 찾을 수 있지만, 問題2에서는 대화문이나 연설문 중에 정답이 되는 부분을 성우가 반드시 언급한다. 따라서 성우가 말하는 정답 부분이 바로 '포인트 이해'가 되는 것이다.

우선 問題2의 출제 형식과 문제의 유형부터 알아보자.

問題2는 2가지 형태의 문제가 출제되는데, 첫 번째는 두 사람의 대화문이고, 두 번째는 장문의 설명문 형태이다. 총 7문제가 출제되고, 대화문 형식이 4문제 내외, 장문의 설명문 형태가 2문제 내외이다. 또 다른 유형과 달리 대화문이나 장문을 듣기 전에 20초 동안 보기를 읽을 시간이 주어진다. 이 때 가급적이면 보기의 내용을 한글로 써 두는 것이 좋은데, 아무리 쉬운 문장이라도 일본어보다는 한글로 보면서 내용을 듣는 것이 훨씬 이해하기 쉽기 때문이다. 그리고 각각의 보기에는 친절하게 일본어로 한자의 요미가나가 있으므로, 한자 읽기 능력이 다소 부족한 학습자라도 쉽게 해석할 수 있다.

보기의 내용은 대체적으로 쉬운 편이어서 대화문이나 장문의 내용을 이해했지만, 보기의 내용이 어려워서 문제를 풀 수 없는 경우는 없다. 여기까지가 본격적으로 문제를 듣기 전까지의 과정이다.

問題2에서는 주로 다음과 같은 질문이 나온다.

□ 男の人はどうして学校に行きませんか？ 남자는 왜 학교(특정한 장소)에 가지 않습니까?

□ 女の人は何が一番の問題だと言っていますか？ 여자는 무엇이 가장 문제라고 말하고 있습니까?

□ 部下は理由は何だと言っていますか？ 부하는 이유는 무엇이라고 말하고 있습니까?

□ 部長はどこに問題があると言っていますか？ 부장님은 어디에 문제가 있다고 말하고 있습니까?

□ 女性はその原因を何だと言っていますか。 여성은 그 원인을 무엇이라고 말하고 있습니까?

□ 息子が外国に行く目的は何ですか。 아들이 외국에 가는 목적은 무엇입니까?

□ 男の学生は何をいちばんしたがっていますか。

   남학생은 무엇을 가장 하고 싶어 합니까?

□ 男の学生はどうして怒っていますか。 남학생은 왜 화를 내고 있습니까?

□ 男性は、何時ごろ着いたと言っていますか。 남성은 몇 시쯤 도착했다고 말하고 있습니까?

□ 男の人は何をしていますか。 남자는 무엇을 하고 있습니까?

□ 女の人は何が最高の思い出だと言っていますか。

   여자는 무엇이 최고의 추억이라고 말하고 있습니까?

위의 질문 내용에서도 알 수 있듯이 대화문이나 연설문에서 핵심적인 것(이유, 원인, 목적, 문제점 등)을 묻고 있음을 알 수 있다. 따라서 포인트(성우가 언급하는 정답 부분)를 빨리 찾는 것이 이 유형을 쉽게 공략하는 방법이라고 할 수 있다.

그럼, 問題 2 를 공략할 수 있는 스킬에 대해서 알아보자.

첫번째, 問題 1 과 마찬가지로 부사에 주의해서 들어야 한다. 본인의 주장이나 의견 제시, 다른 사람의 지시나 명령, 권유와 같은 표현에서는 그 말을 이어가기 위해 부사를 쓰기 때문이다.

다음은 주의해서 들어야 할 부사 및 문형이다.

1. 행동이나 동작 주체자의 말에서의 부사(대화문이나 설명문을 전개할 때는 반드시 주의해서 듣도록 한다.)

☐ 実は 실은

☐ それより 그것보다

☐ ～より ～보다

☐ 何よりも 무엇보다도

☐ どうしても 어떻게 해서든

☐ ですから 때문에

☐ 何で 왜

☐ ほんとうは 사실은

2. 역접조사(상대방의 말을 부정하거나, 본인은 그렇게 생각하지 않다는 것을 주장할 때 많이 사용한다.)

☐ ～が ～만

☐ ～けど ～만

3. 설명문에서 주의해서 들어야 할 문형

☐ ～に比べて…ほうが ～와 비교해서 …하는 편이

두번째, 대화문이나 설명문에서 첫 부분에서는 절대 정답을 언급하지 않는다는 것에 주의하자. 따라서 앞에 나오는 문장은 정답으로 가는 과정 설명이고, 뒤에 나오는 문장일수록 정답에 되는 포인트가 된다.

問題 2

もんだい2では、まず　しつもんを　聞いて　ください。そのあと、もんだいようしを　見て　ください。読む　時間が　あります。それから　話を　聞いてもんだいようしの　1から4の　中から、いちばん　いいものを　一つ　えらんで　ください。

1ばん

1　仕事で　行った

2　旅行に　行った

3　おいしいものを　食べに　行った

4　夏休みなので　行った

2ばん

1　やちんが　高いから

2　へやが　せまいから

3　大学から　とおいから

4　友だちが　よく　あそびに　くるから

問題2

N4-P1-03

もんだい2では、まず しつもんを 聞いて ください。そのあと、もんだいようしを 見て ください。読む 時間が あります。それから 話を 聞いて もんだいようしの 1から4の 中から、いちばん いいものを 一つ えらんで ください。

1番　男の人と女の人が話しています。女の人はどうしてハノイへ行きましたか。

F：いつ日本に来ましたか。

M：2年前に来ました。

F：お国はどちらですか。

M：ベトナムです。

F：ベトナムのどちらですか。

M：ハノイですが。

F：あ、私は去年ハノイに行きました。とてもいいところですよね。

M：そうですね。旅行で行きましたか。

F：いいえ、仕事で行きましたが、今度は家族と観光してみたいですね。

女の人はどうしてハノイへ行きましたか。

문제2

문제2에서는 먼저 질문을 들으세요. 그 다음 문제용지를 봐 주세요. 읽을 시간이 있습니다. 그리고 나서 이야기를 듣고 문제 용지의 1부터 4 중에서 가장 바른 것을 하나 고르세요.

1번 남자와 여자가 이야기하고 있습니다. 여자는 왜 하노이에 갔습니까?

F ：　언제 일본에 왔습니까?

M ：　2년 전에 왔습니다.

F ：　고향은 어디입니까?

M ：　베트남입니다.

F ：　베트남의 어디입니까?

M ：　하노이입니다만.

F ：　아, 저는 작년에 하노이에 갔습니다. 아주 좋은 곳이지요.

M ：　그렇죠. 여행으로 갔습니까?

F ：　아뇨, 일로 갔습니다만, 다음 번에는 가족과 관광해 보고 싶습니다.

1 일로 갔다 ✔

2 관광으로 갔다

3 맛있는 것을 먹으러 갔다

4 여름방학이기 때문에 갔다

↝ 来(く)る 오다　～年前(ねんまえ) ~년 전　去年(きょねん) 작년　旅行(りょこう) 여행　仕事(しごと) 일
家族(かぞく) 가족　観光(かんこう) 관광　買(か)い物(もの) 쇼핑　夏休(なつやす)み 여름방학

2番　女の人が話しています。女の人はどうして前のアパートにひっこしたいと思っていますか。

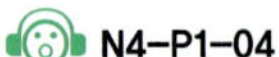
N4-P1-04

F：私は先月ひっこしました。前のアパートは大学から遠くて不便だったからです。今のアパートは少し狭いですが、歩いて大学へ行くことができるので、とても便利です。でも、大学から近いので、友だちがよく遊びに来ます。もうすぐテストがありますが、ゆうべも友だちが遊びに来ました。ほんとうに困ります。それで今は前のアパートにひっこしたいと思っています。

女の人はどうして前のアパートにひっこしたいと思っていますか。

2번 여자가 이야기하고 있습니다. 여자는 왜 전에 살던 아파트로 이사하고 싶다고 생각하고 있습니까?

여 : 저는 지난달 이사했습니다. 전의 아파트는 대학에서 멀어서 불편했기 때문입니다. 지금의 아파트는 조금 좁습니다만, 걸어서 대학에 갈 수 있기 때문에 매우 편리합니다. 하지만 대학에서 가깝기 때문에 친구가 자주 놀러 옵니다. 이제 곧 시험이 있는데, 어젯밤에도 친구가 놀러 왔습니다. 정말로 곤란합니다. 그래서 지금은 전의 아파트로 이사하고 싶다고 생각하고 있습니다.

여자는 왜 전에 살던 아파트로 이사하고 싶다고 생각하고 있습니까?

1 집세가 비싸기 때문에

2 방이 좁기 때문에

3 대학에서 멀기 때문에

4 친구가 자주 놀러 오기 때문에 ✔

↝ ひっこす 이사하다　先月(せんげつ) 지난달　前(まえ) 전　大学(だいがく) 대학　遠(とお)い 멀다
不便(ふべん)だ 불편하다　少(すこ)し 조금　狭(せま)い 좁다　歩(ある)く 걷다　便利(べんり)だ 편리하다
近(ちか)い 가깝다　遊(あそ)ぶ 놀다　ゆうべ 어젯밤　困(こま)る 곤란하다

⑬ 問題3 발화 표현 _(5문제)

신 일본어능력시험부터 새롭게 출제된 형태이다. 문제지에 있는 그림을 보면서, 화살표가 가리키고 있는 사람이 뭐라고 말하면 가장 적당한가를 묻는 문제이다. 問題 3은 N4수준에서 알아야 할 인사법이나 어휘의 정확한 쓰임, 존경과 겸양의 구분, 바른 회화 표현 등에 대한 이해가 없으면 조금 까다롭게 느껴질 수 있다. 그러나 상대방에 대한 권유, 부탁, 의뢰, 금지 등에 대한 기본적인 개념을 가지고 있으면 어렵지 않게 문제를 풀 수 있을 것이다.

다음 표현들은 자주 나오는 내용이므로 반드시 암기해 두자.

☐ お元気ですか。 안녕하십니까?

☐ おかげさまでよくなりました。 덕분에 좋아졌습니다.

☐ 行ってきます。 다녀오겠습니다.

☐ 行ってらっしゃい。 다녀오세요.

☐ ただいま。 다녀왔습니다.

☐ お帰りなさい。 다녀오셨습니까?

☐ お先に失礼いたします。 먼저 실례하겠습니다.

☐ 営業部の山田君と食事に行ってくるよ。 영업부 야마다 군과 식사하러 갔다 올게.

☐ はじめまして。吉田と申します。よろしくお願いします。
처음 뵙겠습니다. 요시다라고 합니다. 잘 부탁합니다.

☐ 中村です。こちらこそ、どうぞよろしく。 나카무라입니다. 저야말로 잘 부탁합니다.

☐ やあ、高橋さん、久しぶりですね。 여어, 다카하시 씨, 오랜만이군요.

☐ もうそろそろ失礼します。 이제 슬슬 실례하겠습니다.

☐ まだ、いいじゃありませんか。 아직, 괜찮지 않으세요?

☐ ありがとうございます。 고맙습니다.

☐ いいえ、どういたしまして。 아니오, 천만에요.

☐ お疲れ様でした。 수고하셨습니다.

☐ いただきます。 잘 먹겠습니다.

□ 子供用品売り場はどこですか。 어린이 용품 매장은 어디입니까?

□ あ、留学生ですか。どこから来ましたか。 아, 유학생입니까? 어디서 왔습니까?

□ ジョンさんはどちらのご出身ですか。 존 씨는 어디 출신이십니까?

□ すみません。交番はどこですか。 실례합니다. 파출소는 어디에 있습니까?

□ どこに車を停めたんでしたっけ。 어디에 차를 세웠었지?

□ 営業会議に出席していました。 영업회의에 출석했습니다.

□ あのビルの名前は何？ 저 건물 이름은 뭐야?

□ 君のかばんはどれなの？ 자네 가방은 어느 것이야?

□ すみませんが、時計をお持ちですか。 실례합니다. 시계 가지고 계십니까?

□ 夏休みはいつからなの? 여름 방학은 언제부터지?

□ このCDの保証期間はどのくらいですか。 이 CD의 보증 기간은 어느 정도입니까?

□ 家からバス停までどのくらいかかりますか。 집에서 버스 정류장까지 얼마나 걸립니까?

□ ご予約は何名様でいらっしゃいますか。 예약은 몇 분이십니까?

□ どうしてそんなに時間がかかったんですか。 왜 그렇게 시간이 걸렸습니까?

□ この映画を何回見ましたか。 이 영화를 몇 번 봤습니까?

□ これでいくらになりそうですか。 이것으로 얼마가 될 것 같습니까?

□ 鈴木さん、お国はどちらですか。 스즈키 씨, 고향은 어디십니까?

□ さっきいらっしゃった方はどなたですか。 조금 전에 오셨던 분은 누구십니까?

□ このパソコン、誰が使ってるの？ 이 컴퓨터 누가 사용하고 있어?

□ 張本さんはどんな人ですか。 하리모토 씨는 어떤 사람입니까?

□ あなたは誰を待っていますか。 당신은 누구를 기다리고 있습니까?

□ どこかで以前お会いしたような気がします。 어딘가에서 이전에 만난 듯한 느낌이 듭니다.

□ コーヒー、お代わりいかがですか。 커피, 더 드시겠습니까?

□ いいえ、けっこうです。 아뇨, 됐습니다.

□ すみませんが、私、お酒はちょっと…。 미안합니다만, 저는 술은 좀….

□ 昼ご飯何が食べたい? 점심은 뭘 먹고 싶어?

□ いらっしゃいませ。何になさいますか。 어서 오십시오. 무엇으로 하시겠습니까?

□ 今日は車ですから、お酒はちょっと…。 오늘은 차를 가져왔기 때문에 술은 좀….

□ カタログに載っている新型の自動車が見たいんですが。

카탈로그에 실려 있는 신형 자동차를 보고 싶은데요.

□ 今度の土よう日、ドライブに行きませんか。 이번 토요일 드라이브하러 가지 않겠습니까?

□ あの怪我どうしたの? 그 부상 어떻게 된 거야?

□ これ、つまらないものですが。 이거 별것 아니지만.

□ もう召し上がらないんですか。 벌써 다 드셨습니까?

□ 今度はぜひお目にかかって直接ご説明したいのですが。

다음 번은 꼭 찾아뵙고 직접 설명하고 싶습니다만.

□ 部長はお着きになりましたか。 부장님은 도착하셨습니까?

□ もしもし、木村さんいらっしゃいますか。 여보세요, 기무라 씨 계십니까?

□ 久しぶりです。お変わりございませんか。 오랜만입니다. 별고 없으십니까?

□ このケーキは口に合わないかもしれませんが、どうぞお召し上がりください。

이 케이크는 입에 맞지 않을지도 모르지만, 드셔보세요.

위의 표현들은 대부분 인사 표현·권유·의뢰·부탁·금지 등과 관련된 표현이다.

이 표현들을 강조한 이유는 그림이라는 특성상 상대방에게 무언가를 요구하거나 의뢰, 질문하는 경우 외에는 문제를 만들기 어렵기 때문이다. 그림을 보고 음성을 들으면서, 학습자 스스로 어떻게 표현하면 좋을지 연습문제를 풀면서 습득하도록 하자.

問題 3

もんだい3では、えを　見ながら　しつもんを　聞いて　ください。やじるし（→）の　人は　何と　言いますか。1から3の　中から、いちばん　いいものを　一つ　えらんで　ください。

1 ばん

2 ばん

問題3

もんだい3では、えを　見ながら　しつもんを　聞いて　ください。やじるし（→）の　人は　何と　言いますか。1から3の　中から、いちばん　いいものを　一つ　えらんで　ください。

1番　F：道にまよっています。何と言いますか。

M：1　すみません。とてもよかったですね。

2　すみません。タクシーに乗りました。

3　すみません。ここがどこかよくわかりませんが。

문제 3

문제3에서는 그림을 보면서 질문을 들으세요. 화살표 표시된 사람은 뭐라고 말합니까? 1부터 3 중에서 가장 바른 것을 하나 고르세요.

F：　길을 잃었습니다. 뭐라고 말합니까?

M：　1　실례합니다. 매우 좋았습니다.

2　실례합니다. 택시를 탔습니다.

3　실례합니다. 어디가 어딘지 모르겠습니다만. ✓

↝ 道(みち)に まよう 길을 잃다　乗(の)る 타다　わかる 알다

2番　M：店員が注文を受けています。何と言いますか。

F：1　いってらっしゃい。

2　何名様ですか。

3　何になさいますか。

M：　점원이 주문을 받고 있습니다. 뭐라고 말합니까?

F：　1　어서 오세요.

2　몇 분이십니까?

3　무엇을 하시겠습니까? ✓

↝ 店員(てんいん) 점원　注文(ちゅうもん) 주문　受(う)ける 받다　何名様(なんめいさま) 몇 분　なさる「する(하다)」의 존경어

問題 4 는 질문이나 발화에 대해 가장 적절한 대답을 보기 3개 중에서 즉각적으로 고르는 문제이다. 제목 그대로 즉시 응답 형식의 문제이므로 청해 문제 중에서 가장 긴장하고 들어야 하는 유형이다. 문제나 정답에 대해서 조금의 생각할 여유조차 없기에 방심하거나 다른 생각은 하지 말고 높은 집중력으로 문제에 임하도록 하자. 질문을 놓치거나, 보기를 한 단어라도 놓치면 정답을 찾기가 거의 불가능하다.

問題 4 에서 자주 나오는 표현은 다음과 같다.

☐ ～ていただけませんか（～てくださいませんか）。 ~해 주시지 않겠습니까?

☐ ～てもらえるかな？ ~해 줄 수 없을까?

☐ ～たいことがありますが。 ~하고 싶은 것이 있습니다만.

☐ ～てもいいですか(かまいませんか)。 ~해도 괜찮겠습니까?

☐ ～いただけるとありがたいんですが。 ~해 주시면 고맙겠습니다만

☐ ～したいんですが。 ~하고 싶습니다만

☐ ～てほしいですが。 ~해 주기를 바랍니다만

☐ 동사부정형＋んじゃないでしょうか？ ~하지 않는 것은 아닐까요?

☐ ～ということでよろしいですか？ ~라는 것으로 좋습니까?

☐ ～たいと思います ~하고 싶다고 생각합니다

　問題 4 에서는 아주 다양한 형태의 질문이 나오는데 거기에 맞게 대답도 다양하다. 그래서 주로 정답으로 나오는 내용을 콕 집어서 말하기 어렵다. 단, 어떤 상황에서 가장 많이 사용되는 형식의 대화문을 많이 아는 것이 問題 4 의 문제 풀이의 키워드가 될 것이다.

　따라서 많은 문제와 많은 대화문을 접하고 연습을 통해 문제 푸는 요령을 키워두자. 질문에 대한 대답으로 다양한 문장이 나올 수 있지만, 우선은 가장 일반적인 형태로 대답하는 연습을 충분히 해 두도록 하자.

예제

問題 4

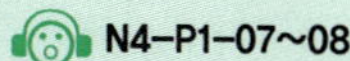
N4-P1-07～08

もんだい4では、えなどが　ありません。まず、ぶんを　聞いて　ください。それから、その　へんじを　聞いて、1から3の　中から、いちばん　いいものを　一つ　えらんで　ください。

― メモ ―

もんだい
問題4

🎧 N4-P1-07

もんだい４では、えなどが　ありません。まず、ぶんを　聞いて　ください。それから、その
へんじを　聞いて、1から3の　中から、いちばん　いいものを　一つ　えらんで　ください。

1番 M : つまらない物ですが、よろしかったらどうぞ。

　　　　F : 1 いつもすみません。

　　　　　 2 つまらないですね。

　　　　　 3 いいえ、こちらこそ。

문제4
문제4에서는 그림 등은 없습니다. 우선 문장을 들으세요. 그리고 나서 그 대답을 듣고 1부터 3중에서 가장 바른 것을 하나 고르세요.

M ：　별 것 아닙니다만, 괜찮다면 드세요.
F ：　1 항상 감사합니다. ✓
　　　 2 시시하군요.
　　　 3 아뇨, 저야말로.

～ つまらない 시시하다　物(もの) 물건

2番 F: コーヒーとお茶とどちらがいいですか。

　　　　M : 1 あちらがいいです。

　　　　　 2 コーヒーのほうがいいです。

　　　　　 3 ええ、いいですよ。

F ：　커피와 차, 어느 쪽이 좋습니까?
M ：　1 저쪽입니다.
　　　 2 커피가 좋습니다. ✓
　　　 3 예, 좋습니다.

～ お茶(ちゃ) 차

🎧 N4-P1-08

3. 청해 워밍업

일본어에는 장음이나 단음, 촉음과 탁음의 차이로 뜻이 완전히 달라지므로 정확한 구별이 요구된다. 따라서 실전 문제의 청취에 들어가기 전에 기본이 되는 발음의 구별 연습을 충분히 하고 나서, 상황별 청취 연습을 하도록 하자. 이 과정은 여러분들의 완벽한 청취와 정확하고 확실한 의미 파악을 하기 위한 워밍업 과정이므로 절대로 소홀히 해서는 안 된다.

01 받아쓰기

→ 정답 p. 49

1 숫자 · 요일 · 날짜

N4-P1-09

일본어 청해에서는 숫자 · 요일 · 날짜는 듣기가 쉽지 않다. 실제 시험에서는 숫자 · 요일 · 날짜를 계산하는 문제는 출제되지 않지만, 그 부분을 듣고 바로 해석이 되지 않으면 정답을 찾기 힘들다. 숫자 · 요일 · 날짜가 정답을 찾는 힌트가 되는 경우도 있으므로, 반복 훈련으로 숫자 · 요일 · 날짜를 정확히 익히도록 하자. 반복된 훈련만이 청해를 공략할 수 있다.

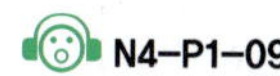

次の言葉をよく聞いて書き取りなさい。

1. ＿＿＿＿＿＿＿＿＿＿＿＿＿＿＿

2. ＿＿＿＿＿＿＿＿＿＿＿＿＿＿＿

3. ＿＿＿＿＿＿＿＿＿＿＿＿＿＿＿

4. ＿＿＿＿＿＿＿＿＿＿＿＿＿＿＿

5. ＿＿＿＿＿＿＿＿＿＿＿＿＿＿＿

6. ＿＿＿＿＿＿＿＿＿＿＿＿＿＿＿

7. ＿＿＿＿＿＿＿＿＿＿＿＿＿＿＿

8. ＿＿＿＿＿＿＿＿＿＿＿＿＿＿＿

9. ＿＿＿＿＿＿＿＿＿＿＿＿＿＿＿

10. ＿＿＿＿＿＿＿＿＿＿＿＿＿＿＿

11. ＿＿＿＿＿＿＿＿＿＿＿＿＿＿＿

12. ＿＿＿＿＿＿＿＿＿＿＿＿＿＿＿

13. ＿＿＿＿＿＿＿＿＿＿＿＿＿＿＿

14. ＿＿＿＿＿＿＿＿＿＿＿＿＿＿＿

15. ＿＿＿＿＿＿＿＿＿＿＿＿＿＿＿

→ 정답 p. 49

② ある・いる (존재・상태・진행)

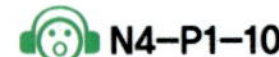 N4-P1-10

「ある」와 「いる」는 N4・5급 청취에서 존재를 나타내는 말로, 위치나 장소에 대해서 설명을 하는 아주 기본이 되는 단어이다. 우선은 기본적인 문형을 듣고 받아쓰기 연습을 하면, 청해력을 상승시킬 수 있다. 실제 시험은 두 번 들려주지는 않지만, 이 과정은 청해력을 업그레이드시키기 위한 과정이므로 차분히 단계를 밟아 가면 청해에 자신감이 생길 것이다.

> 次の文章をよく聞いて書き取りなさい。男の人と女の人が一回ずつ読みます。

1. ____

2. ____

3. ____

4. ____

5. ____

6. ____

7. ____

8. ____

9. ____

10. ____

11. ____

12. ____

13. ____

14. ____

15. ____

③ 형용사(い형용사) · 형용동사(な형용사)

N4-P1-11

형용사는 항상 시험에 출제될 때는 비교를 하는 형식이다. 즉 다른 것보다 크다·작다, 높다·낮다, 비싸다·싸다 등이다. 따라서 비교 문장에서 쓰이는 「~より(~보다)」「~ほどではない(~정도는 아니다)」와 같은 표현을 잘 들어야 한다. 그리고 왼쪽과 오른쪽의 구분도 파악을 해야 한다. 아직까지는 일본어 능력시험의 그림 문제는 흑백이어서 색깔 형용사는 「くろい(검다)」「しろい(하얗다)」 정도만 출제된다. 비교되는 형용사는 한정되어 있으므로 다음의 문장을 철저하게 암기하고, 듣기에 숙달될 수 있도록 반복 연습을 하기 바란다.

次の文章をよく聞いて書き取りなさい。男の人と女の人が一回ずつ読みます。

1. ____

2. ____

3. ____

4. ____

5. ____

6. ____

7. ____

8. ____

9. ____

10. ____

11. ____

12. ____

13. ____

14. ____

15. ____

→ 정답 p. 51

④ 부사

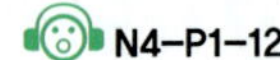 N4-P1-12

부사는 문장의 전환이나 역접, 말하고자 하는 사람의 정확한 의도나 사실을 나타낼 때 사용된다. 따라서 대화문이나 연설문에서 부사 다음에 이어지는 문장이 정답과 밀접한 관계를 나타내는 경우가 많다. N4에서 사용되는 부사의 양은 한정되어 있으므로 다음의 문장에 나오는 것들만으로도 충분한 대비를 할 수 있을 것이다.

次の文章をよく聞いて書き取りなさい。男の人と女の人が一回ずつ読みます。

1. ____

2. ____

3. ____

4. ____

5. ____

6. ____

7. ____

8. ____

9. ____

10. ____

11. ____

12. ____

13. ____

14. ____

15. ____

⑤ 축약형 연습

N4-P1-13

N4에서의 축약형은 「~ては → ~ちゃ」「~では → ~じゃ」「~てしまった → ~ちゃった」「~でしまった→ ~じゃった」 4가지 뿐이다.
충분한 연습이 없으면 청해에서 축약한 단어의 의미를 생각하는 동안에 대화문이나 연설문이 흘러가 버리기 때문에 많은 연습이 필요하다. 여러 번 반복해서 들어야만 바로 해석을 할 수 있다는 것을 명심하자.

次の文章をよく聞いて書き取りなさい。男の人と女の人が一回ずつ読みます。

1. _______________________________

2. _______________________________

3. _______________________________

4. _______________________________

5. _______________________________

6. _______________________________

7. _______________________________

8. _______________________________

9. _______________________________

10. ______________________________

11. ______________________________

12. ______________________________

13. ______________________________

14. ______________________________

15. ______________________________

Part 2
실전 대비 집중 훈련

01 問題1 과제 이해
02 問題2 포인트 이해
03 問題3 발화 표현
04 問題4 즉시 응답

→ 정답 p.52

問題 1

🎧 N4-P2-01〜08

もんだい1では、まず　しつもんを　聞いて　ください。それから　話を　聞いて、もんだいようしの　1から4の　中から、いちばん　いいものを　一つ　えらんで　ください。

1 ばん

　1　サクラ商事に　電話する
　2　サクラ商事に　FAX を　送る
　3　宇野さんからの　電話を　待つ
　4　宇野さんからの　FAX を　待つ

2 ばん

　1　うすくて、軽い　辞書
　2　あつくて、言葉が　たくさん　のって　いる　辞書
　3　できるだけ　安い　辞書
　4　電子辞書

3 ばん

1 会社に　帰って　電話を　待つ

2 いますぐ　電話する

3 もう　一度　電話する

4 3時に　女の　人の　会社へ　行く

4 ばん

1 すぐ　仕事を　始める

2 あさって　この　店に　来る

3 今週の　週末に　この　店に　来る

4 来週の　週末に　この　店に　来る

5 ばん

1 うちに　帰る

2 仕事を　する

3 男の　人の　仕事を　手伝う

4 男の　人と　食事を　する

6 ばん

1 本を　選ぶ

2 本に　ついて　書く

3 本を　読む

4 女の　人の　宿題を　借りに　行く

7 ばん

1 塩

2 さとう

3 野菜

4 魚

8 ばん

1 3時まで　アルバイトを　する

2 新しい　アパートを　探す

3 引っ越しを　手伝う

4 友だちと　遊ぶ

→ 정답 p.57

問題2

N4-P2-09〜15

もんだい2では、まず　しつもんを　聞いて　ください。そのあと、もんだいようしを　見て　ください。読む　時間が　あります。それから　話を　聞いて　もんだいようしの　1から4の　中から、いちばん　いいものを　一つ　えらんで　ください。

1 ばん

1 電車に　乗って　来た

2 バスに　乗って　来た

3 タクシーに　乗って　来た

4 歩いて　来た

2 ばん

1 夏は　毎日　とても　楽しいと　いう　気持ち

2 早く　静かな　秋に　なって　ほしいと　いう　気持ち

3 夏は　さびしいから　冬が　いいと　いう　気持ち

4 夏が　ずっと　続いて　ほしいと　いう　気持ち

3 ばん

1 お金を　返して　もらいたいから

2 レシートが　ほしいから

3 他の　ズボンと　かえて　もらいたいから

4 ズボンを　試着したいから

4 ばん

1 とても　甘いもの

2 少し　おなかが　空いた　時、食べるのに　いい

3 おいしいけど、体には　あまり　よく　ない

4 チョコレートの　ケーキに　お米を　のせて　つくる

5 ばん

1 水よう日

2 木よう日

3 金よう日

4 土よう日

6 ばん

1 ピアノの　演奏会

2 トランペットの　演奏会

3 ギターの　演奏会

4 バンドの　演奏会

7 ばん

1 かぜを　ひいたから

2 宿題を　しなかったから

3 事故に　あったから

4 学校へ　行きたく　ないから

→ 정답 p.60

問題 3

N4-P2-16〜20

もんだい3では、えを　見ながら　しつもんを　聞いて　ください。やじるし（→）
の　人は　何と　言いますか。1から3の　中から、いちばん　いいものを　一
つ　えらんで　ください。

1 ばん

2 ばん

3 ばん

4 ばん

5 ばん

問題 4

N4-P2-21〜28

もんだい4では、えなどが　ありません。まず、ぶんを　聞いて　ください。それから、その　へんじを　聞いて、1から3の　中から、　いちばん　いいものを　一つ　えらんで　ください。

— メモ —

실전 모의고사

→ 정답 p.63

問題1 ＿＿＿＿ の　ことばは　ひらがなで　どう　かきますか。1・2・3・4から
いちばん　いい　ものを　ひとつ　えらんで　ください。

1 <u>家内</u>は　毎日　しょくじの　したくで　いそがしい。
　　1　うちない　　　　　2　かない　　　　　3　いえない　　　　4　けない

2 なつやすみに　<u>旅館</u>で　アルバイトを　しました。
　　1　りょうかん　　　　2　りょうがん　　　3　りょがん　　　　4　りょかん

3 週に　1回　すいえい<u>教室</u>に　かよって　います。
　　1　きょうしつ　　　　2　きょしつ　　　　3　きゅうしつ　　　4　きゅしつ

4 10時半の　<u>急行</u>で　東京に　いった。
　　1　きょうこう　　　　2　きょうぎょう　　3　きゅうこう　　　4　きゅうぎょう

5 彼は　<u>計画</u>的に　けんきゅうを　つづけて　きた。
　　1　けいが　　　　　　2　けいかく　　　　3　けいがく　　　　4　げいがく

6 じどうしゃの　<u>工場</u>が　新しく　できました。
　　1　こうば　　　　　　2　こうぞう　　　　3　こうじょ　　　　4　こうじょう

7 彼の　かんがえは　ぜんぜん　<u>正しく</u>　ないです。
　　1　きびしく　　　　　2　さびしく　　　　3　おかしく　　　　4　ただしく

8 てんらんかいの　きっぷを　<u>買いました</u>。
　　1　かいました　　　　2　いいました　　　3　うたいました　　4　ちがいました

9 車を　<u>止めて</u>　とおくの　海を　見ました。
　　1　やめて　　　　　　2　とめて　　　　　3　そめて　　　　　4　しめて

問題2 ＿＿＿＿＿＿の　ことばは　どう　かきますか。1・2・3・4から　いちばん　いい
ものを　ひとつ　えらんで　ください。

10 きれいな　かみで　英語の　本を　つつんだ。
　　1 低　　　　　　　　2 紙　　　　　　　　3 髪　　　　　　　　4 神

11 やまださんの　ともだちは　いけで　つりを　して　いた。
　　1 他　　　　　　　　2 地　　　　　　　　3 湖　　　　　　　　4 池

12 すみませんが、しゅじんは　今　るすです。
　　1 往人　　　　　　　2 注人　　　　　　　3 主人　　　　　　　4 住人

13 彼が　しんでから　5年に　なりました。
　　1 例んで　　　　　　2 死んで　　　　　　3 列んで　　　　　　4 並んで

14 その　国へ　たいしを　おくった。
　　1 逆った　　　　　　2 近った　　　　　　3 迷った　　　　　　4 送った

15 ともだちの　お金を　ぬすむ　わるい　ひとだ。
　　1 辛い　　　　　　　2 若い　　　　　　　3 悪い　　　　　　　4 苦い

16 雨の　ふる　（　　　）は　わかれた　かのじょに　あいたい。
　　1　つき　　　　　　　　2　ひ　　　　　　　　3　とし　　　　　　　4　しゅう

17 バスの　（　　　）は　きゅうに　学校の　まえで　とめた。
　　1　うんてんしゅ　　　2　こうむいん　　　　3　かんごふ　　　　4　いしゃ

18 みんな　いすに　（　　　）ままで　かれの　話を　きいて　いた。
　　1　たった　　　　　　2　すてた　　　　　　3　もった　　　　　4　かけた

19 12時の　ひこうきに　（　　　）ように　いそぎましょう。
　　1　かりる　　　　　　2　おる　　　　　　　3　まにあう　　　　4　おくる

20 その　じけんに　ついては　（　　　）知らない。
　　1　ぜんぜん　　　　　2　だいたい　　　　　3　すこし　　　　　4　かならず

21 あした　先生の　（　　　）に　うかがっても　よろしいでしょうか。
　　1　けんぶつ　　　　　2　おたく　　　　　　3　みんな　　　　　4　いっか

22 らいげつ　（　　　）が　うまれるから　からだに　気を　つけて　いる。
　　1　おとうと　　　　　2　むすこ　　　　　　3　だんせい　　　　4　あかちゃん

23 かのじょは　いつも　ふくに　（　　　）を　つけます。
　　1　アナウンサー　　　2　アルバイト　　　　3　アクセサリー　　4　アルコール

24 わたしは　よるの　（　　　）けしきを　ずっと　見て　いました。
　　1　うつくしい　　　　2　うまい　　　　　　3　おかしい　　　　4　ただしい

25 かれは　ピアノを　（　　　）じょうずに　ひいた。
　　1　やっぱり　　　　　2　やっと　　　　　　3　わりあいに　　　4　なるべく

 ________ の ぶんと だいたい おなじ いみの ぶんが あります。
1・2・3・4から いちばん いい ものを ひとつ えらんで ください。

26 いもうとは るすです。
1 いもうとは でかけて います。
2 いもうとは べんきょうして います。
3 いもうとは そうじを して います。
4 いもうとは せんたくを して います。

27 おとといは すごい あめでした。
1 おとといは あつい あめが ふりました。
2 おとといは あめが たくさん ふりました。
3 おとといは あめが すこし ふりました。
4 おとといは すばらしい あめが ふりました。

28 みせの ひとが 「かしこまりました」と いいました。
1 みせの ひとは かいました。
2 みせの ひとは うりました。
3 みせの ひとは かえりました。
4 みせの ひとは わかりました。

29 せんせいに 「しけんは よく できました。」と いわれました。
1 せんせいに ほめられました。
2 せんせいに しかられました。
3 せんせいに みられました。
4 せんせいに たのまれました。

30 しごとが すんだら しょくじを しましょう。
1 しごとを しながら しょくじを しましょう。
2 しごとの まえに しょくじを しましょう。
3 しごとの あとで しょくじを しましょう。
4 しごとを しないで しょくじを しましょう。

 つぎの　ことばの　つかいかたで　いちばん　いい　ものを　1・2・3・4から
ひとつ　えらんで　ください。

31　あつい
1　寒いから　<u>あつい</u>　水を　いっぱい　ください。
2　ひえて　いる　ご飯を　<u>あつく</u>　して　食べました。
3　この　本は　とても　<u>あつくて</u>　重そうですね。
4　みなさんの　<u>あつい</u>　心づかい、ありがとうございます。

32　しっかり
1　山田さんは　なかなか　<u>しっかりした</u>　人なんです。
2　<u>しっかり</u>　着きましたので　心配しないで　ください。
3　書類を　持って　くる　ことを　<u>しっかり</u>　忘れた。
4　もう　<u>しっかり</u>　冬に　なりました。

33　すくない
1　お金は　<u>すくない</u>しか　持って　いません。
2　<u>すくない</u>　ことで　怒る　人が　多く　なった。
3　これでは　ちょっと　量が　<u>すくない</u>です。
4　親には　<u>すくない</u>　心配でも　かけない　ほうが　いい。

34　たしか
1　あなたが　言う　ことは　<u>たしか</u>　分かります。
2　<u>たしか</u>　会議は　3時だと　思います。
3　明日の　パーティーに　<u>たしか</u>　来て　ください。
4　だれも　行かなくても　私は　<u>たしか</u>　行きます。

35　やむ
1　もう　英語の　勉強は　<u>やみました</u>。
2　雨は　もう　<u>やんで</u>　今は　はれて　います。
3　私は　会社を　<u>やみたく</u>　ないです。
4　運動は　<u>やまないで</u>　ずっと　つづけて　ください。

실전 모의고사

→ 정답 p.65

問題1 （　　　）に　なにを　いれますか。1・2・3・4から　いちばん　いい　ものを
一つ　えらんで　ください。

1 ずいぶん　（　　　）にくい　本ですね。
1 わかる　　　　　　2 わかり　　　　　　3 わから　　　　　4 わかって

2 そらが　くらく　なって　雨が　（　　　）はじめました。
1 ふり　　　　　　　2 ふら　　　　　　　3 ふって　　　　　4 ふる

3 ビルが　ゆれます。（　　　）そうです。
1 じしんに　　　　　2 じしんで　　　　　3 じしんの　　　　4 じしんだ

4 おとうとは　めがねを　（　　　）まま、ねて　しまった。
1 かける　　　　　　2 かけ　　　　　　　3 かけた　　　　　4 かけよう

5 A 水泳が　おじょうずですね。
B いいえ、（　　　）。

1 おつかれさまでした　　　　　　　　2 みなさんに　よろしく
3 それほどでも　ありません　　　　　4 どういたしまして

6 A だれと　びょういんに　行きますか。
B （　　　）。

1 友だちに　つれて　行って　もらいます
2 友だちを　行かせます
3 友だちが　行って　くれます
4 友だちは　行くか　どうか　わかりません

7 父と　電話（　　　）話しました。
1 に　　　　　　　　　2 を　　　　　　　　3 で　　　　　　　4 と

8 としょかんへ　かりた　本を　かえし（　　　）　行きます。
1 を　　　　　　　　2 で　　　　　　　　3 へ　　　　　　　　4 に

9 あなたは　会社に　（　　　）　行きますか。
1 どんな　　　　　　2 どう　　　　　　　3 どれ　　　　　　　4 どこ

10 私は　来年　日本へ　べんきょうに　行く　（　　　）です。
1 ように　　　　　　2 とおり　　　　　　3 ところ　　　　　　4 つもり

11 A 日本へ　（　　　）。
　　B はい、　3回　行きました。

　　1 行った　ことが　ありますか
　　2 行く　ことが　ありますか
　　3 行った　ものが　ありますか
　　4 行く　ものが　ありますか

12 この　にもつは　重くて　持って　（　　　）。
1 行きません　　　　2 行きそうです　　3 行きます　　　　4 行けません

13 ここでは　（　　　）　ください。
1 さわがなくて　　　2 さわがないで　　3 さわげなくて　　4 さわげないで

14 りょうりに　しおは　（　　　）。
1 いれて　います　　　　　　　　　2 いれて　あります
3 はいって　います　　　　　　　　4 いれられて　あります

15 みんなに　聞いて　みても　（　　　）。
1 知って　いませんでした　　　　　2 知って　いそうでした
3 知って　いました　　　　　　　　4 知りませんでした

 ___ ★ ___ に 入る ものは どれですか。1・2・3・4から いちばん いい
ものを 一つ えらんで ください。

16 金よう日は 私が ___ ___ ★ ___ すきな 日です。
　　1　一週間の　　　　　2　いちばん　　　　3　で　　　　　　　4　うち

17 私の　お母さんが　はやおき ___ ★ ___ ___ くれます。
　　1　して　　　　　　　2　朝ごはん　　　　3　作って　　　　　4　を

18 おとうとは　学校 ___ ___ ★ ___ を　ひいて　います。
　　1　ピアノ　　　　　　2　2時間　　　　　3　ずつ　　　　　　4　で

19 お母さん　イチロー、これら ___ ★ ___ ___ 置いて　くれない?
　　むすこ　わかったよ、お母さん。
　　1　おさらを　　　　　2　テーブルの　　　3　上に　　　　　　4　の

20 A　あなたの ___ ___ ★ ___ して　いるのですか。
　　B　はい。でも、明日から　休みで　戻って　きます。
　　1　カナダで　　　　　2　勉強して　　　　3　英語の　　　　　4　お兄さんは

 　21 から 25 に 何を いれますか。文章の 意味を 考えて、1・2・3・4 から いちばん いい ものを 一つ えらんで ください。

やまだ　スミスさん、こんどの 冬休みに 21 。

スミス　今、計画を たてて いますが、ほっかいどうへ 行こうと 思って います。

やまだ　そうですか。ほっかいどうは いい ところですよ。食べ物も おいしいし、見る ところも たくさん あります。また、１２月からは 雪まつりも あります。

スミス　そうですか。ほっかいどうは はじめてですから、たのしみですね。で、やまださんは どこに 行くんですか。

やまだ　私も 友だちと いっしょに 旅行に 行くんです。この 旅行の ため、4か月間 アルバイトを したんですよ。

スミス　4か月 22 したんですか。

やまだ　ええ。旅行が 好きで、こんどは 外国へ 行って みようと 思って いるんですよ。国は まだ 23 。

スミス　外国ですか。いいですね。ふーん、もし、24 韓国は どうですか。私は 1かい 行った ことが ありますが、みんな 親切だし、料理も おいしかったんですよ。また 日本と 近いですから 25 。

やまだ　そうですね。韓国は まだ 行った ことが ないですから ぜひ 行って みたいですね。私も スミスさんのように たのしみです。

21

1 外国へ　行きましたか

2 ほっかいどうへ　行きましたか

3 何を　しましたか

4 何を　する　つもりですか

22

1 が　　　　2 に　　　　3 で　　　　4 も

23

1 決まりました。

2 決めて　ないんです

3 決まって　います

4 決めて　おきます

24

1 外国へ　行くなら

2 外国へ　行くと

3 外国へ　行ったら

4 外国へ　行けば

25

1 たいへんだし

2 不便だし

3 ひこうきも　安いし

4 おもしろいし

→ 정답 p.67

問題4 つぎの (1) から (4) の文章を読んで、質問に答えてください。答えは 1・2・3・4 からいちばんいいものを一つえらんでください。

(1)

　人間は陸の上だけで生活してきた。そして、陸よりずっと広い海は、魚をとったり、しおを作ったりするぐらいで、あまり利用しなかった。しかし、人間がどんどん増えて、住むところはせまくなった。それに、食べ物を作る農地も足りなくなってきた。石油や石炭も、いつかなくなると言われている。これからは人間の将来のために、この海を開発していかなければならない。

26　これを書いた人がいちばん言いたいのはどれですか。

1　陸にあるものがなくならないうちに、海を開発してほしい。

2　海にはたくさんの食べ物があるからそれを食べてほしい。

3　海にも陸にあるものと同じものがあるからそれを利用してほしい。

4　陸のあちこちにあるものをもうちょっと開発してほしい。

　日本には古い町がたくさんあります。京都や奈良もたいへん古い町ですが、かまくらも古い町です。

　かまくらは東京の南、５０キロぐらいのところにあります。町の北と東と西には山があって、南には海があります。木や花がたくさんあって、しずかできれいな町です。

　いまから８００年ぐらい前に、ここでさむらいの政治が始まりました。長い間、日本の経済や政治の中心は、西日本にありましたが、この時、さむらいたちが強くなって、東日本に、新しい政治の中心となりました。

27　かまくらという町についてただしいのはどれですか。

　1　たくさんの山はあるが、海はないようだ。

　2　最初から日本の経済や政治の中心だった。

　3　西日本の中心地として知られているところだ。

　4　さむらいたちの力が強くなったところだ。

(3)

　　こんにちは、さちこ。
　　学校の最終日に今週末は、クリスマスの買い物に行きたいっていたわよね。
土よう日と日よう日どちらがいい？　街か学校の近くのショッピングセンターへ
行けるわ。いろいろな店に行くことができればいいな。私は母、父、そして祖
父母のプレゼントを買いたいの。この夏に中華料理店で働いたので、お金は十
分にあるのよ。そして、妹が一緒に行きたいとするのにいいかな？
　　では、すぐに返事をちょだいね。

エリカより

28　エリカはどうやってクリスマスプレゼントを買うお金を手に入れましたか。

　1　クリスマスに祖父母からお金をもらった。

　2　本屋でアルバイトをした。

　3　姉からお金をもらった。

　4　レストランで働いた。

(4)

　コウジはいつも、学校に行く前にゴミを出しています。昨日の朝、かれはカラスがとなりの人の出したゴミを食べているのを目にしました。道路のあちこちに食べ物や新聞紙などが散らかっていました。しばらくの時間、コウジはゴミをすべてひろって新しいふくろに入れました。まちの人のひとりがかれのこの行動を見て、手伝ってくれました。

29　昨日の朝、コウジは何をしましたか。

　1　道をきれいにした。

　2　カラスをつかまえた。

　3　となりの人たちからゴミをあつめた。

　4　となりの人にゴミをひろうようお願いした。

私たちかぞくが今住んでいるむらは、さいたまけんの近くにあります。むらの
名前はちょうふです。むらのまん中に私たちきょうだいがかよった学校があっ
て、むらの東をながれている川のそばに、むらの人々がおまいりに行くお寺が
あります。お寺には大きくてりっぱなたてものがたくさんあります。私たちき
ょうだいは子どものとき、そのたてもののまわりでよくあそんだりしました。

さいきん、そのお寺の近くに、とても大きいレストランができました。そこは
おいしいのにとても安いので、私たちは週末いつも食事に行きます。とても人
気があるレストランですから、とおくのところからも人々が来ます。それでい
つもお客さんがたくさんいます。人々はそこのレストランで食事をしてからお
寺を見に行ったり川のまわりであそんだりします。

私たちのむらは、昔より人々は多くなって、しずかではありません。でも、む
らがきれいですので私はちょうふがだいすきです。このむらをもっと大事にし
たいですね。

30 「ちょうふ」はどんなところですか。

1 むらの南に川がながれている。

2 川とお寺がたくさんある。

3 大きくてすばらしいたてものがある。

4 いろいろな学校がある。

31 きょうだいは子どものとき、どこであそびましたか。

   1　お寺の近くにある学校で

   2　学校の近くにある川で

   3　川の近くにある学校で

   4　お寺にあるたてものの近くで

32 きょうだいは週末に何をしますか。

   1　川の近くでかぞくで食事をする。

   2　レストランで食事をする。

   3　たてもののまわりであそぶ。

   4　たてもののまわりで食事をする。

33 レストランはどうですか。

   1　とてもおいしいので人気がある。

   2　近くの人々だけ食事をしに来る。

   3　おいしいがとても高い。

   4　週末でも人々があまりいない。

 右のページのおもちゃ作りコンテストのポスターを見て、質問に答えてください。答えは1・2・3・4からいちばんいいものを一つえらんでください。

34　コンテストに参加する人にはどんな条件がありますか。

1　東京・トイ・カンパニーのおもちゃを作らなければならない。

2　1500円以下でおもちゃを作らなければならない。

3　東京・トイ・カンパニーで働かなければならない。

4　新しいおもちゃの写真を送らなければならない。

35　よいアイディアを出した人への賞は何ですか。

1　東京への招待旅行

2　おもちゃ工場の夏の間の仕事

3　東京・トイ・カンパニーが優勝者に無料でおもちゃをあげる。

4　東京・トイ・カンパニーが優勝者のおもちゃを売り出す。

おもちゃ コンテスト

東京・トイ・カンパニーが
子ども向けのコンテストを開催します。

新しいおもちゃを作れるかな？
きみが作ったおもちゃを１１月１０日までに送ってね！

ルール

** １６歳未満の東京在住者が対象です。

** おもちゃを作るためのお金が１５００円以下とします。

** おもちゃはオリジナルのものに限ります。ほかのおもちゃをまねたものは不可
です。

賞

** 東京・トイ・カンパニーが優勝者のおもちゃを製作して、１２月１日から売り
出します。優勝者の写真がおもちゃの箱に出ます。

** 第１位、第２位、第３位入賞者を、東京・トイ・カンパニーに１日招待します。
おもちゃがどのようにして作られるかを見ることができます。

→ 정답 p.69

問題 1

N4-P3-01〜08

もんだい1では、まず　しつもんを　聞いて　ください。それから　話を　聞いて、もんだいようしの　1から4の　中から、いちばん　いいものを　一つ　えらんでください。

1 ばん

2 ばん

1 家へ　帰る

2 駅に　行く

3 学校に　行く

4 交番に　行く

3 ばん

1 運転して　いる

2 勉強して　いる

3 買い物を　して　いる

4 電話して　いる

4 ばん

1 女の人と　テニスの　練習を　する

2 一人で　テニスの　練習を　する

3 アルバイトに　行く

4 運動場へ　行く

5 ばん

1 男の人と　家に　帰る

2 男の人に　お金を　借りる

3 男の人に　お金を　貸す

4 一人で　家に　帰る

6 ばん

1 三つ

2 四つ

3 五つ

4 六つ

7 ばん

1 さらと　おはし

2 さらと　ナプキン

3 おはしと　ナプキン

4 おはしと　ナプキンと　さら

8 ばん

1 コピーも　ファックスも　しない

2 コピーは　するが、ファックスは　送（おく）らない

3 コピーは　しないが、ファックスは　送（おく）る

4 コピーを　してから、ファックスも　送（おく）る

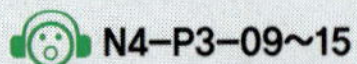

問題2

もんだい2では、まず　しつもんを　聞いて　ください。そのあと、もんだいようしを　見て　ください。読む　時間が　あります。それから　話を　聞いて　もんだいようしの　1から4の　中から、いちばん　いいものを　一つ　えらんで　ください。

1ばん

1　仕事で　行く
2　旅行に　行く
3　おいしい　ものを　食べに　行く
4　夏休みなので　行く

2ばん

1　むずかしいから　ほとんど　使って　いない
2　使い方は　むずかしいが　毎日　使って　いる
3　使った　ことが　一度も　ない
4　便利なので　毎日　使って　いる

3ばん

1　まじめそうで　背が　高く　ない　人
2　まじめそうで　背が　高い　人
3　スポーツマンで　背が　高く　ない　人
4　スポーツマンで　背が　高い　人

4ばん

1　電車が　速く　走るから
2　運動を　するから
3　遅刻したから
4　仕事が　早く　始まるから

5ばん

1　観光案内
2　るす番電話
3　店内放送
4　社内放送

6 ばん

1 日本で 一番 長いから

2 日本で 一番 たくさんの 雨が 降るから

3 日本で 一番 きれいだから

4 日本で 一番 おいしいから

7 ばん

1 6000円

2 6500円

3 7000円

4 9500円

問題3

もんだい3では、えを　見ながら　しつもんを　聞いて　ください。やじるし（→）
の　人は　何と　言いますか。1から3の　中から、いちばん　いいものを　一
つ　えらんで　ください。

1 ばん

2 ばん

3 ばん

4 ばん

5 ばん

問題4

もんだい4では、えなどが　ありません。まず、ぶんを　聞いて　ください。それから、その　へんじを　聞いて、1から3の　中から、　いちばん　いいものを　一つ　えらんで　ください。

— メモ —

■ 저자 소개

이장우

현 종로 파고다 외국어 학원에서 JPT 및 일본어능력시험 전문강사로 활동 중

저서

점수별 '딱 JPT' 시리즈
'JPT 지배하는 법' 파트별 시리즈 그 외 다수
일본어능력시험 실전 시뮬레이션 시리즈

유토리 일본어능력시험 N4 언어지식 · 독해 · 청해

저자 이장우
초판 1쇄 인쇄 2011년 10월 10일
초판 1쇄 발행 2011년 10월 17일

발행인 박효상
편집책임 임수진
편집진행 김효주
디자인책임 손정수
디자인 윤영선
마케팅책임 이종선
마케팅 이태호, 이전희

발행처 사람in
출판등록 제 10-1835호
주소 121-839 서울 마포구 서교동 378-16 4F
전화 02-338-3555
팩스 02-338-3545
이메일 saramin@netsgo.com
홈페이지 www.saramin.com

※잘못 만들어진 책은 구입하신 곳에서 바꾸어 드립니다.
Copyright ⓒ 2011 이장우

ISBN 978-89-6049-275-2 18730
      978-89-6049-178-6 (set)